Aktuelle Probleme des Polizeirechts

Schriftenreihe der Hochschule Speyer

Band 64

Aktuelle Probleme des Polizeirechts

(unter Berücksichtigung des Musterentwurfes eines einheitlichen Polizeigesetzes des Bundes und der Länder)

Vorträge und Diskussionsbeiträge
des 5. Sonderseminars 1976
der Hochschule für Verwaltungswissenschaften Speyer

herausgegeben von

Prof. Dr. Dr. Detlef Merten

DUNCKER & HUMBLOT / BERLIN

CIP-Kurztitelaufnahme der Deutschen Bibliothek

Aktuelle Probleme des Polizeirechts: unter Berücks. d. Musterentwurfes e. einheitl. Polizeigesetzes d. Bundes u. d. Länder; Vorträge u. Diskussionsbeitr. d. 5. Sonderseminars 1976 d. Hochsch. für Verwaltungswiss. Speyer / hrsg. von Detlef Merten. — 1. Aufl. — Berlin: Duncker und Humblot, 1977.
(Schriftenreihe der Hochschule Speyer; Bd. 64)
ISBN 3-428-03902-5

NE: Merten, Detlef [Hrsg.]; Hochschule für Verwaltungswissenschaften ⟨Speyer⟩

Gedruckt 1977 bei Buchdruckerei A. Sayffaerth - E. L. Krohn, Berlin 61
Printed in Germany

ISBN 3 428 03902 5

Inhalt

Vorwort des Seminarleiters, Professor Dr. Dr. *Detlef Merten* 7

Begrüßungsansprache des Rektors, Professor Dr. Dr. *Klaus König* 9

Eröffnung durch den Staatssekretär im Innenministerium des Landes Rheinland-Pfalz, *Alois Schreiner*, Mainz 13

Notwendigkeit einheitlicher Polizeigesetze?
Von Rechtsanwalt Professor Dr. *Carl Hermann Ule*, Heidelberg 27

Aussprache zu den Referaten von *Alois Schreiner* und *Carl Hermann Ule* 47

Notwehr und Nothilfe des Polizeibeamten aus strafrechtlicher Sicht
Von Professor Dr. *Eberhard Schmidhäuser*, Hamburg 53

Notwehr und Nothilfe des Polizeibeamten aus öffentlich-rechtlicher Sicht
Von Professor Dr. *Paul Kirchhof*, Münster 67

Aussprache zu den Referaten von *Eberhard Schmidhäuser* und *Paul Kirchhof* 80

Zum polizeilichen Schußwaffengebrauch
Von Professor Dr. Dr. *Detlef Merten*, Speyer 85

Aussprache zu dem Referat von *Detlef Merten* 107

Das Polizeirecht in der neueren verwaltungsgerichtlichen Rechtsprechung
Von Professor Dr. *Peter Rößler*, Präsident des Verwaltungsgerichtshofs Baden-Württemberg, Mannheim 113

Aussprache zu dem Referat von *Peter Rößler* 139

Vorwort

Die Proklamation der Unruhe als erster Bürgerpflicht hat in den letzten Jahren zu Erschütterungen des Rechtsstaats in einem für die Bundesrepublik Deutschland bisher unbekannten Ausmaß geführt. Die Bekämpfung militanten Terrorismus' und zunehmender Gewaltkriminalität erfordert stärker als früher eine enge Zusammenarbeit der Polizeikräfte des Bundes und der Länder, wogegen sich allerdings schon ideologische Kritik erhebt. Um eine übereinstimmende Rechtsgrundlage für das polizeiliche Vorgehen zu schaffen, ist im Auftrage der Ständigen Konferenz der Innenminister und -senatoren des Bundes und der Länder der Musterentwurf eines einheitlichen Polizeigesetzes des Bundes und der Länder erarbeitet worden. Die hierbei entstandenen und teilweise auch in der Öffentlichkeit — nicht immer rational und nicht immer fundiert — diskutierten Probleme zum Gegenstand wissenschaftlicher Erörterung zu machen, war das Ziel des 5. Sonderseminars der Hochschule für Verwaltungswissenschaften Speyer. Es setzte damit nicht nur eine Tradition der Hochschule fort, in wissenschaftlichen Veranstaltungen Gesetzentwürfe zu behandeln oder Anstöße zur Gesetzgebungstätigkeit zu geben, sondern reihte sich auch in die Reihe der polizeirechtlichen Tagungen der Hochschule ein. 1957 hatte sich der 25. Staatswissenschaftliche Fortbildungskursus mit Fragen der öffentlichen Sicherheit und Ordnung beschäftigt, und 1973 hatte die 41. Staatswissenschaftliche Fortbildungstagung unter dem Thema „Die Polizei im demokratischen Rechtsstaat" gestanden. „Aktuelle Probleme des Polizeirechts" (unter Berücksichtigung des Musterentwurfs eines einheitlichen Polizeigesetzes des Bundes und der Länder) wurden vom 20. bis 22. September 1976 im 5. Sonderseminar behandelt, zu dem über fünfzig Teilnehmer an die Hochschule für Verwaltungswissenschaften gekommen waren. Die Referate und Zusammenfassungen der Diskussionen dieser Veranstaltung werden im folgenden abgedruckt.

Herzlichen Dank sage ich Herrn Professor Dr. Carl Hermann Ule, der die Vorbereitungen des Seminars wesentlich gefördert hat. Dem Innenministerium des Landes Rheinland-Pfalz danke ich verbindlichst für die freundliche Unterstützung bei der Durchführung eines Rahmenprogramms.

Detlef Merten

Begrüßungsansprache des Rektors Professor Dr. Dr. Klaus König

Als Rektor der Hochschule für Verwaltungswissenschaften möchte ich Sie sehr herzlich bei uns willkommen heißen und Ihnen eine wissenschaftlich fruchtbare und persönlich angenehme Zeit in Speyer wünschen. Vor allem begrüße ich die Referenten dieses Sonderseminars, von denen ich zwei Persönlichkeiten besonders nennen darf, nämlich Herrn Staatssekretär Schreiner vom Ministerium des Innern des Landes Rheinland-Pfalz, der unserer Hochschule als langjähriges Verwaltungsratsmitglied verbunden ist, und unseren emeritierten Kollegen, Herrn Professor Ule, der zu unserer Freude immer wieder bereit ist, an den Programmen der Hochschule Speyer mitzuwirken.

Viele Teilnehmer dieser Veranstaltung besuchen unsere Hochschule nicht zum ersten Mal. Mancher wird die Entwicklung der Verwaltungswissenschaften mit Interesse verfolgen. Jedoch haben wir in jüngerer Zeit eine Reihe von Veränderungen zu verzeichnen, die es angemessen erscheinen lassen, vor diesem Teilnehmerkreis über die verwaltungswissenschaftliche Ausbildung, Fortbildung und Forschung in Speyer kurz zu berichten. Unsere Hochschule steht am Ende ihres dritten Jahrzehnts. Das ist, gemessen an der Tradition mancher Wissenschaftsinstitutionen, kein besonderes Alter, gemessen aber an der Dauer von Einrichtungen, die sich in spezifischer Weise den Verwaltungswissenschaften widmen oder gewidmet haben, nicht unbeachtlich. Greift man auf vergleichbare Unternehmungen in der deutschen Geschichte zurück, dann haben selbst solche Institute wie die Kameral-Hohe-Schule zu Lautern oder die Hohe-Karls-Schule zu Stuttgart solche Jahre nicht erreicht. Die Ecole National d'Administration in Paris feierte im vergangenen Jahr ihren 30. Geburtstag. Auch auf anderen Kontinenten gibt es nur wenige Hochschulen und Institute für öffentliche Verwaltung, die sich als langlebiger erwiesen haben. Vor diesem Hinergrund wird deutlich, daß die Bewährung im Tätigkeitsfeld der Hochschule für Verwaltungswissenschaften nicht selbstverständlich ist. Die Hochschule Speyer mußte sich in einer Zeit, in der sich die öffentliche Verwaltung beträchtlich verändert hat und in der sich die Sozialwissenschaften schnell ausgedehnt haben, wandlungsfähig zeigen.

Dabei ist die Hochschule Speyer ihren traditionellen Aufgaben, nämlich die Verwaltungswissenschaften in Ausbildung, Fortbildung und Forschung zu pflegen, im Grunde verpflichtet geblieben. Alle drei Programmbereiche sind indessen ausgeweitet und verändert worden. Im Ausbildungsbereich ist das herkömmliche einsemestrige verwaltungswissenschaftliche Ergänzungsstudium für Referendare so gestaltet worden, daß heute nicht nur Rechtsreferendare, sondern auch Verwaltungsreferendare, Wirtschaftsreferendare, Regierungsreferendare an ihm teilnehmen können und daß es in die Einweisungszeit von Nachwuchskräften des höheren Verwaltungsdienstes einbezogen werden kann. Zusätzlich ist ein einjähriges verwaltungswissenschaftliches Aufbaustudium eingerichtet worden, das an sozialwissenschaftliche Universitätsstudiengänge anschließt und mit einem eigenen akademischen Grad seinen Abschluß findet. Entsprechend dem interdisziplinären Charakter unserer Hochschule ist die Promotionsmöglichkeit in Speyer mit einem eigenen Doktorandenstudium verknüpft worden.

Ausweitungen und Veränderungen hat auch die verwaltungswissenschaftliche Fortbildung in Speyer erfahren. Vielen von Ihnen werden unsere alljährlich stattfindenden Frühjahrstagungen bekannt sein. Wir haben ihren Nutzen in einer Zeit überprüft, als größere Tagungen unter didaktischen Gesichtspunkten kritisch betrachtet wurden. Nicht zuletzt das anhaltende Interesse der Verwaltungspraxis an den Frühjahrstagungen hat uns veranlaßt, diese Fortbildungsform beizubehalten. Hinzu sind aber Standardprogramme der berufsbegleitenden Fortbildung für den höheren Verwaltungsdienst gekommen. Für Angehörige des höheren Dienstes mit kürzerer Berufserfahrung werden Eingangsseminare, für Angehörige des höheren Dienstes mit längerer Berufserfahrung Führungsseminare angeboten. Gegenstände wie Organisation und Management, Planung und Entscheidung, Personalverwaltung und Personalführung, Finanzen und Haushalt bestimmen die Kurse. Zusätzlich werden — wie in diesen Tagen — Sonderseminare durchgeführt, die oft die Forschungsaufgabe der Hochschule Speyer berühren. Zu letzterer möchte ich hier nur anmerken, daß sie neben der Lehrstuhlforschung und den verwaltungswissenschaftlichen Arbeitstagungen insbesondere auf den Aktivitäten des Forschungsinstituts für öffentliche Verwaltung bei der Hochschule für Verwaltungswissenschaften Speyer beruht. Für das Forschungsinstitut sind neue rechtliche und finanzielle Grundlagen geschaffen worden, die eine Ausweitung der verwaltungswissenschaftlichen Forschungstätigkeit ermöglichen.

Die verwaltungswissenschaftliche Lehre und Forschung, insbesondere die Standardprogramme der Fortbildung, haben die personellen, administrativen und räumlichen Kapazitäten der Hochschule Speyer so ausgefüllt, daß diese Wissenschaftsinstitution voll ausgelastet ist. Dennoch sind wir bemüht, zusätzlich Sonderseminare durchzuführen, die den Bedürfnissen nach aktuellen und problemorientierten Fortbildungsveranstaltungen Rechnung tragen. Im Mittelpunkt der Sonderseminare stehen verfassungspolitische, rechtspolitische, verwaltungspolitische Probleme und Projekte. Die Erkenntnis der behandelten Gegenstände soll in der Diskussion zwischen Wissenschaftlern und Praktikern weitergefördert werden, und zwar in einem Prozeß, der nicht nur die Referenten, sondern alle Teilnehmer einschließt. Um was es uns geht, wird an den Beispielen deutlich, die wir in der Form von Sonderseminaren behandelt haben. Ich nenne Themen wie: „Das neue Sozialgesetzbuch", „Probleme der Novelle zum Bundesbaugesetz", „Regionale Entwicklungspolitik — Methoden komplexer Investitionsentscheidungen", „Erfüllung öffentlicher Aufgaben durch verselbständigte Verwaltungsträger" und jetzt im Herbst 1976 „Aktuelle Probleme des Polizeirechts".

Damit bin ich bei der Sache dieses Sonderseminars. Das Polizeirecht ist im Gesamtprogramm der Hochschule Speyer immer mitberücksichtigt worden. Zuerst kann ich hierzu auf die Lehrveranstaltungen des Semesterprogramms verweisen. Die Problematik des Polizeirechts norddeutscher Länder einerseits und des Polizeirechts süddeutscher Länder andererseits hat an dieser Hochschule verständlicherweise Tradition. Das Lehrangebot reicht von den Grundfragen des Polizeirechts bis zu Einzelproblemen der öffentlichen Sicherheit und Ordnung in den heutigen Tagen. Für die Fortbildungsaufgaben möchte ich darauf verweisen, daß die 41. Staatswissenschaftliche Fortbildungstagung die „Polizei im demokratischen Rechtsstaat" zum Thema hatte. Wenn ich die Aufstellungen polizeirechtlicher Veranstaltungen der Hochschule Speyer durchgehe, dann stoße ich immer wieder auf einen Namen, und das ist der von Professor Ule. Nicht zuletzt sein Werk über „Allgemeines Polizei- und Ordnungsrecht" weist ihn als hervorragenden Lehrer und Forscher auf diesem Rechtsgebiet aus. In der Hochschule Speyer haben sich insoweit die persönlichen Interessen eines Wissenschaftlers und die programmatischen Vorstellungen einer Bildungsinstitution auf gute Weise getroffen.

Als Rektor der Hochschule Speyer freut es mich, feststellen zu können, daß nunmehr Herr Professor Merten die Betreuung des Polizeirechts mitübernommen hat. Das gilt sowohl für das Semesterprogramm wie eben auch dieses Sonderseminar. Damit wird ein wichtiges Gebiet des öffentlichen Rechts an dieser Hochschule weitergepflegt. Im Namen des Senats darf ich Herrn Kollegen Merten für seine einschlägigen Aktivitäten, insbesondere die wissenschaftliche Leitung dieser Veranstaltung Dank sagen. Die aktuellen Probleme des Polizeirechts verdienen, wie der Musterentwurf für ein einheitliches Polizeigesetz des Bundes und der Länder zeigt, die Aufmerksamkeit von Wissenschaft und Praxis. In diesem Sinne darf ich Ihren Verhandlungen einen erfolgreichen Verlauf wünschen.

Eröffnung durch den Staatssekretär im Innenministerium des Landes Rheinland-Pfalz Alois Schreiner, Mainz

Wenn ich heute zu Ihnen über das Thema „Die Polizei im freiheitlichen Rechtsstaat" spreche, soll das nicht in erster Linie im Sinne grundlegender rechtstheoretischer Erörterungen geschehen. Ich möchte vielmehr versuchen, Stellung und Aufgabe der Polizei in unserem Staat vorwiegend dadurch zu charakterisieren, daß ich — ohne Anspruch auf Vollständigkeit — einige wesentliche Aspekte des Themas unter möglichst *lebensnaher Verknüpfung zu Ereignissen herausgreife,* welche die Öffentlichkeit und die Polizei in den letzten Jahren besonders beschäftigt haben.

Da ein wirkliches Verständnis der Schwierigkeiten und Probleme, mit denen die deutsche Polizei in den Jahren nach dem Kriege bis in unsere Tage zu kämpfen hat, ohne Berücksichtigung der Entwicklung in der Zeit der Hitlerdiktatur und in den ersten Jahren nach dem Zusammenbruch meines Erachtens nicht möglich ist, möchte ich mit einem kurzen Rückblick beginnen.

Die Spannungen im Verhältnis zwischen Bevölkerung und Polizei, die auch heute hin und wieder sichtbar werden, und die dadurch verursachte Verunsicherung der Polizei haben ihren Ursprung meines Erachtens weitgehend in den noch nicht überall bewältigten Folgeerscheinungen des skrupellosen Mißbrauchs der Polizei im Unrechtsstaat Hitlers. Ich darf daran erinnern, daß die Sicherheitspolizei — und vor allem die Gestapo — während der nationalsozialistischen Herrschaft immer zielbewußter zu einem selbständigen Machtinstrument der Partei im staatlichen Bereich ausgebaut wurde, das praktisch keiner Kontrolle oder Beaufsichtigung durch Gerichte oder andere Zweige der staatlichen Gewalt unterlag. Dem Nationalsozialismus diente die Polizei als wichtiges Instrument zur Entwicklung des Volkes zur sogenannten „Volksgemeinschaft", das heißt zur Durchsetzung der Parteiherrschaft. Neben die Gefahrenabwehr trat „die Sicherung der Volksordnung gegen innere Störungen und Zerstörungen". Die Polizei nahm für sich in Anspruch, aufgrund eines „politischen Gesamtauftrags" zu handeln, der eine gesetzliche Grundlage für die Einzelmaßnahmen entbehrlich werden ließ. So wird zum Beispiel in einem Runderlaß des Reichssicherheitshauptamtes vom 15. April 1940 festgestellt: „Die Befugnis der Geheimen Staatspolizei zur Durchführung aller Maßnahmen, die zur Erfüllung ihrer Aufgaben erforderlich sind, ist nicht aus einzelnen Gesetzen oder Verordnungen, sondern aus dem Gesamtauftrag herzuleiten, der der Deutschen Polizei im allgemeinen und der Geheimen Staatspolizei im besonderen im Zuge des Neuaufbaues des nationalsozialistischen Staates erteilt worden ist."

Die Bindung polizeilichen Handelns an die totale Führergewalt, statt an Gesetz und Recht, machte die Polizei in der Hitlerdiktatur zum Ausführungsorgan verordneter Willkür. Es verwundert daher nicht, daß die alliierten Besatzungsmächte nach der Kapitulation Deutschlands alle Polizeieinrichtungen, zu denen die Schutzpolizei des Reiches und der Gemeinden, die Kriminalpolizei, die Gendarmerie, die Verwaltungspolizei, die Wasserschutzpolizei und die Feuerschutzpolizei rechnete, formell auflösten.

Belastet mit einer solchen politischen Hypothek konnte der völlige Neubeginn nach dem totalen Zusammenbruch nur sehr zögernd und schrittweise erfolgen. Die Träger der polizeilichen Gewalt mußten ihre Aufgaben erfüllen, gleichermaßen mißtrauisch betrachtet von der eigenen Bevölkerung und von den Vertretern der Besatzungsmächte, denen sie aus den angeführten Gründen noch immer suspekt erschienen.

Bestand diese Einstellung schon gegenüber den allgemeinen Polizeibehörden, um wieviel mehr mußte dies gegenüber geschlossenen Polizeiverbänden der Fall sein. Erst zur Zeit der Berlin-Blockade und der Korea-Krise wurde die Errichtung von Polizeieinheiten als erforderlich und politisch durchsetzbar angesehen. Nach monatelangen, schwierigen Beratungen wurde zwischen dem Bund und den Ländern ein Verwaltungsabkommen über die Errichtung von Länder-Bereitschaftspolizeien abgeschlossen. Der ursprüngliche Wunsch der Bundesregierung nach Schaffung einer zentral geleiteten Bundespolizei scheiterte am Widerspruch der damaligen alliierten Hochkommissare und der Ministerpräsidenten verschiedener Bundesländer. Einen Nachfolger für die nach dem Zusammenbruch aufgelöste Reichspolizei gab es also nicht. Vielmehr blieb es bei der in Artikel 87 des Grundgesetzes verankerten Grundentscheidung unserer Verfassung, *wonach die Polizeihoheit grundsätzlich bei den Ländern liegt.*

Ich möchte schon an dieser Stelle betonen, daß ich hierin ein ganz wesentliches Element unseres freiheitlich-demokratischen Rechtsstaates sehe, an dem aus grundsätzlichen Erwägungen festgehalten werden sollte. Die in unserem Staatswesen mit dem Gewaltmonopol ausgestattete Polizei ist schließlich die Institution, welche die reale Macht des Staates zur Durchsetzung seiner Aufgabe im Innern verkörpert. In der Aufteilung dieses beträchtlichen Machtpotentials auf die Länderregierungen liegt nach meiner Überzeugung eine institutionelle Garantie für eine echte Machtkontrolle. Der Vorzug eines föderalistisch verfaßten Staates gegenüber der zentralistischen Staatsform besteht auch heute noch wesentlich darin, daß die institutionalisierte Gewaltenteilung gleichzeitig Gewaltenkontrolle ist.

Die dem föderalistischen Prinzip nachgesagte Erschwerung der Tätigkeit der Polizei, insbesondere wenn sich diese über Ländergrenzen erstreckt, kann heute meines Erachtens nicht mehr als Gegenargument akzeptiert werden. Ich darf in diesem Zusammenhang nur auf das im Juni 1970 geschlossene Abkommen über die erweiterte Zuständigkeit der Polizeien der Bundesländer bei der „Strafverfolgung" und das von der Ständigen Konferenz der Innenminister und -senatoren des Bundes und der Länder im Februar 1974 beschlossene „Programm für die Innere Sicherheit der Bundesrepublik Deutschland" sowie auf den im Mittelpunkt dieses Sonderseminars stehenden „Musterentwurf für ein einheitliches Polizeigesetz des Bundes und der Länder" verweisen.

Stellung und Aufgabenerfüllung der Polizei in einem freiheitlichen Rechtsstaat hängen heute meines Erachtens von drei Grundbedingungen ab:

1. Die Polizei handelt nicht aufgrund eines politischen Gesamtauftrages. Sie ist vielmehr bei jeder einzelnen Maßnahme zur Gewährleistung der Inneren Sicherheit — seien es die Bekämpfung der Kriminalität oder Aufgaben im Straßenverkehr — an die Verfassung und die geltenden Gesetze gebunden.
2. Die Polizei muß gut ausgebildet und modern ausgerüstet sein.
3. Die Polizei benötigt bei ihrem schwierigen Dienst die Unterstützung durch die Bevölkerung und das Vertrauen der Bürger.

Die erste Grundbedingung ist Ihnen allen bestens vertraut und wird bei den nachfolgenden Vorträgen und Diskussionen im Mittelpunkt stehen. Ich sehe daher zunächst davon ab, Ausführungen zu diesem Fragenkomplex zu machen und wende mich gleich dem besonders wichtigen Vertrauensverhältnis zwischen Bevölkerung und Polizei zu.

Das Verhältnis zwischen Bürger und Polizei war lange Jahre nach der Gründung der Bundesrepublik Deutschland geprägt durch die eingangs erwähnten unheilvollen Erfahrungen der jüngsten Geschichte unseres Volkes. Zwar verlief die innere Entwicklung unseres Staates anfänglich ohne wesentliche Störungen, die neue Belastungen hätten mit sich bringen können. Gleichzeitig geschah aber auch nichts im Sinne einer grundlegenden Wandlung dieses Verhältnisses.

Das wurde schlagartig anders, als es nach der Bildung der großen Koalition zu den Studentenunruhen kam, die schließlich zu den bekannten Erscheinungen der außerparlamentarischen Opposition führten. Der

Standort und die Funktion der Polizei sowie die Innere Sicherheit standen plötzlich im Mittelpunkt heftiger Kritik. Die Zusammenstöße zwischen Demonstranten und einer auf den Umgang mit ihnen in manchen Fällen nicht ausreichend vorbereiteten und ausgebildeten Polizei führten auf der einen Seite zu der Frage, ob die Polizei denn tatsächlich „demokratisch strukturiert" sei.

Auf der anderen Seite wurde argumentiert, die Gewährleistung der Inneren Sicherheit sei eine fundamentale Aufgabe des Staates, da die freie Persönlichkeitsentfaltung und die Ausübung der Bürgerfreiheiten ohne sie nicht möglich sei. Es sei der gesetzliche Auftrag der Polizei, im freiheitlich-demokratischen Rechtsstaat die Innere Sicherheit zu gewährleisten.

Um die Verwirrung vollständig zu machen, behaupteten namentlich marxistische Sozialwissenschaftler, die Polizei diene keineswegs dem Schutz des Einzelnen und seiner unmittelbaren Lebensinteressen, sie sei vielmehr ein Disziplinierungsinstrument im Dienst der kapitalistischen Herrschaftsordnung.

Die Polizei geriet immer mehr ins Kreuzfeuer der Kritik, wurde zum Prügelknaben für alles und war der Buhmann der Nation. Das Ausmaß der Zerstörungen, das im psychologischen Verhältnis zwischen Bürger und Polizei angerichtet wurde, mag aus der Fragestellung ersehen werden, die Jürgen Eick einem engagierten Beitrag in der Frankfurter Allgemeinen Zeitung vom 9. Oktober 1968 zugrundelegte:

„Wie halten wir's eigentlich mit der Polizei? Ist es unsere Polizei?" Der Artikel begann mit der noch stärker zugespitzten Frage: „Die Polizei — Dein Freund, Dein Helfer? Oder Dein Erzfeind, ...?"

Eick warnte damals, was im psychologischen Klima dieser Jahre keine Selbstverständlichkeit war, eindringlich davor, unsere Polizei zu verteufeln und sie mit der Polizei des Obrigkeitsstaates oder gar des totalitären Unrechtsstaates gleichzusetzen.

Das Verhälnis zwischen Bürger und Staat hat sich tatsächlich im freiheitlich-demokratischen Rechtsstaat gegenüber den Zeiten des Obrigkeitsstaates grundlegend gewandelt. In der Demokratie geht alle Staatsgewalt vom Volke aus (Artikel 20 GG). Sie wird ausgeübt von den Organen des Volkes, das diese damit beauftragt. Insofern hat alle Ausübung staatlicher Gewalt eine dienende Funktion. Richtschnur für die Ausübung staatlicher Gewalt sind dabei die Verfassung, das Gesetz und die Rechtsordnung, die vom Willen des Volkes getragen wird. Es ist daher das gute Recht des Bürgers, Anordnungen und Eingriffe der Staatsgewalt nicht mehr wie in der Vergangenheit unwidersprochen zu akzeptieren, sondern sie an dem geltenden Recht zu messen und von den Repräsentanten der Staatsgewalt zu verlangen, daß sie ihre Maßnahmen begründen. Insofern kann auch für die Polizei als Teil der Exekutive keine Ausnahme gelten. Mit der Tatsache, daß Bürger und Öffentlichkeit alle Äußerungen hoheitlicher Gewalt einer kritischen Prüfung unterziehen, müssen wir uns daher nicht nur abfinden, sondern wir sollten in der dadurch bewirkten Kontrolle in erster Linie etwas Positives sehen. Wenn wir die Dinge so betrachten und auch so behandeln, muß das meines Erachtens bei beharrlichem Bemühen zu einer dauerhaften Entspannung im Verhältnis Bürger - Polizei führen.

Das Bemühen, dem Bürger die Funktion und Aufgabenstellung der Polizei deutlich zu machen, wird jedoch nur dann erfolgreich sein, wenn wir die kritische Öffentlichkeit auf unserer Seite haben. Ich denke hier in erster Linie an die Massenmedien. Hier lag in der Vergangenheit manches im Argen. Ich glaube indessen, daß sich auch in diesem Bereich als Folge einer Reihe von spektakulären Ereignissen, welche die Innere Sicherheit der Bundesrepublik Deutschland immer wieder ins Blickfeld der Öffentlichkeit rückten, ein grundsätzlicher Wandel zum Besseren hin angebahnt hat.

Den ersten und entscheidenden Anstoß dazu hat meines Erachtens der brutale Banküberfall durch die Gangster Rammelmayr und Todorov am 5. August 1971 in München gegeben, wobei Rammelmayr und auch die Geisel Ingrid Reppel den Tod fanden. Schon damals bemühte sich jedenfalls die seriöse Presse überwiegend um ein objektives Urteil. Das anarchistische Treiben der Baader-Meinhof-Bande, der unglaubliche Terrorakt in München und weitere schwere Gewaltverbrechen haben zu dem Ergebnis geführt, daß die Tendenz zur Objektivität und zum Verständnis gegenüber der Polizei zwischenzeitlich erheblich zugenommen hat. Man hat auch in der kritischen Öffentlichkeit eingesehen, daß die Polizei ihre Aufgabe letztlich nicht erfüllen kann, wenn die Bürger, die sich zu unserem Staat bekennen, keine vernünftige Beziehung zu jenen Kräften finden, die unsere rechtsstaatliche Ordnung und damit auch den Freiheitsbereich jedes einzelnen von Amts wegen gegen Übergriffe zu schützen haben. Wer unsere freiheitlich-demokratische Grundordnung bejaht, muß deshalb wissen, daß er die Polizei nicht aus Prinzip und nicht als Institution ablehnen oder gar verachten kann. Auch für uns gilt der Grundsatz, daß ein jedes Land die Polizei hat, die es verdient.

Die brutalen Gewaltverbrechen der vergangenen Jahre und der nationale Terrorismus führten meines Erachtens bei den Bürgern immer mehr zu der Erkenntnis, daß sich der freiheitlich-demokratische Rechtsstaat stärker als bisher gegen die Kräfte zur Wehr setzen muß, die unter Mißbrauch der vom Staat garantierten Freiheitsrechte auf dessen Untergang hin arbeiten. Es ist erfreulich, daß die Polizei heute bei der Bevölkerung ein so hohes Ansehen genießt wie nie zuvor. Nach einer zu Beginn dieses

Jahres veröffentlichten Studie des Soziologischen Instituts der Universität des Saarlandes stehen 88 % der Bevölkerung und nach einer Untersuchung der Wickert-Institute sogar 89 % der Bevölkerung positiv zur Arbeit der Polizei.

Bundesinnenminister Professor Maihofer hat aus Anlaß des 25jährigen Bestehens des Bundesgrenzschutzes am 18. Mai 1976 noch günstigere Zahlen genannt. Danach haben 90 % der Bevölkerung eine positive Einstellung zur Polizei. Leider seien sich nur 55 % der Polizeibeamten dieses positiven Urteils der Bevölkerung bewußt.

Bei der Umfrage der Wickert-Institute äußerten sich nur 7 % negativ; im Jahre 1968 hatten bei einer gleichgestalteten Umfrage noch 16 % der Befragten Kritik an der Arbeit der Polizei geübt. Diese Umfrageergebnisse bedeuten meines Erachtens eine eindeutige Niederlage für die Diffamierungskampagnen, in denen die Polizei als „Knüppelgarde" und „Handlanger der Unterdrückung" verleumdet wurde. Nach Jahren der Distanz zur Polizei hat sich in der Bevölkerung offenbar ein vernünftiges Sicherheitsgefühl eingependelt. Die Mehrheit der Bürger sieht in der Polizei wieder einen Verbündeten im Kampf gegen die Feinde des Rechtsstaats. Daß dies richtig ist, ergibt sich meines Erachtens auch daraus, daß sich schon Anfang 1975 bei einer repräsentativen Umfrage der Wickert-Institute 71 % der Befragten dafür aussprachen, daß es „mehr Polizei" geben sollte. Auf die Frage, ob die Polizei bei Demonstrationen energischer, großzügiger oder so wie bisher vorgehen solle, hatten damals von den Befragten 52 % für energischeres, 18 % für großzügigeres und 20 % für unverändertes Vorgehen plädiert.

Eine recht gute Zusammenstellung von Umfragen und Analysen zum Ansehen der Polizei enthält das von den Saarbrücker Professoren Helfer und Siebel erstattete „Gutachten zum Berufsbild des Polizeivollzugsbeamten". Hier findet man indessen den interessanten Satz, daß man das „Image" der Polizei nicht „verbessern" könne, solange man von ihr Funktionen verlangen müsse, die notwendig, wenigstens von einem Teil des Publikums, negativ bewertet würden.

Man könnte hier provozierend die Frage stellen, wozu dann noch Öffentlichkeitsarbeit zu leisten sei; denn die Teile der Bevölkerung, die noch eine negative Einstellung zur Polizei haben, sind vermutlich aufgrund von Erfahrungen oder unkorrigierbaren Vorurteilen ohnehin nicht auf die andere Seite zu bringen. Nun hätte diese Frage durchaus ihre Berechtigung, wollte man Öffentlichkeitsarbeit so verstehen, daß ihr Bemühen nur darauf gerichtet wäre, der Allgemeinheit ein möglichst positives und fleckenloses Bild von ihrer Polizei zu vermitteln. Sicherlich erleichtert es die Durchführung polizeilicher Aufträge, wenn der Bürger dem einzelnen Beamten oder der gesamten Institution Polizei ohne Vorurteile gegenübertritt. Wichtigstes Ziel der Öffentlichkeitsarbeit scheint mir jedoch zu sein, den Bürger als kritischen Partner zu gewinnen. Strebt man an, daß die vom Bürger geäußerte Kritik gerecht und objektiv ist, so muß man dem Bürger die Fakten und Erkenntnisse an die Hand geben, die er für eine zutreffende Beurteilung braucht. Um den Bürger zu kooperativen Beiträgen zu motivieren, muß jeder einzelne Beamte durch Korrektheit, Freundlichkeit und Ehrlichkeit in seinem Auftreten dem Bürger gegenüber das Vertrauen und *den* Respekt erwerben, die Voraussetzung für das angestrebte partnerschaftliche Verhältnis sind.

In diesem Zusammenhang scheint mir noch ein anderer Aspekt wichtig zu sein. Die Erfolge und die Beurteilung der Polizei hängen auch von der Arbeit der Justiz ab. Allzu milde Urteile oder Verfahrenseinstellungen können Rechtsbrecher und radikale Gruppen zur Begehung weiterer Straftaten anhalten und somit dem Ansehen der Polizei schweren Schaden zufügen.

Daneben trägt es auch nicht zur Sicherung des Rechtsfriedens bei, wenn gewalttätige Demonstranten von der Polizei festgenommen werden und dieselben Leute am Tage darauf oder wenige Tage später bereits wieder in der ersten Reihe einer weiteren auf die Begehung von Gewalttaten angelegten Demonstration mitmarschieren.

Es ist deshalb dringend notwendig. die rechtlichen Voraussetzungen für die Bekämpfung der Kriminalität zu verbessern und damit zugleich das Vertrauen des Bürgers in die Fähigkeit des Staates zur Gewährleistung der Inneren Sicherheit zu stärken. *Eine noch so gut ausgerüstete und ausgebildete Polizei ist nämlich zur Ohnmacht verurteilt, wenn der Staat systematisch seiner Autorität beraubt wird oder sich ihrer selbst begibt.* Polizei und Justiz können ihre Aufgabe nur dann erfüllen, wenn ihnen durch die Politiker moralisch der Rücken gestärkt wird, wenn die politisch verantwortlichen Bürger jeder Aufweichung des rechtsstaatlichen Bewußtseins entgegenwirken. Der Staat muß Sicherheit gewährleisten, um Freiheit zu ermöglichen.

Es gibt sicherlich viele Bereiche, in denen die Maxime „im Zweifel für die Freiheit" richtig ist. Bei der Verbrechensbekämpfung muß sich der Staat meines Erachtens jedoch im Zweifel *für den gesetzestreuen Bürger und gegen den Rechtsbrecher entscheiden.*

Eine erfolgreiche Abwehr der drohenden Gefahren und ein wirksamer Schutz der Rechte der Bürger sind nur möglich, wenn der Staat und damit die Polizei als sein Funktionsträger die erforderlichen rechtlichen und materiellen Instrumente zur Verfügung gestellt bekommen, um ihren Auftrag erfüllen zu können.

Gerade im rechtlichen Bereich mußte einiges auf ein vernünftiges Maß zurückgeführt werden, bei dem man Anfang der 60er Jahre im Überschwang einer Liberalisierungseuphorie des Guten zu viel getan hatte. Hier ist in erster Linie das Haftrecht zu nennen, bei dem die Liberalisierung durch das Strafprozeßänderungsgesetz im Jahre 1964 dazu geführt hatte, daß selbst gefährliche Kriminelle immer wieder auf freien Fuß gesetzt werden mußten, obwohl sie bereits mehrfach einschlägig in Erscheinung getreten waren und die Gefahr bestand, daß sie bis zur rechtskräftigen Aburteilung neue Straftaten gleicher oder ähnlicher Art begehen würden. Erst nach dem Münchner Banküberfall und dem monatelangen unseligen Treiben der Baader-Meinhof-Bande gelang es, eine Verschärfung des Haftrechts im Bundestag mit Unterstützung des Bundesrates durchzusetzen.

Außerdem ist es vornehmlich den von der Innenministerkonferenz ausgehenden starken Impulsen zu verdanken, daß das Waffenrecht verschärft werden konnte und in das Strafgesetzbuch die neuen Tatbestände der *Flugzeugentführung* und der *Geiselnahme* aufgenommen sowie der Tatbestand des erpresserischen Menschenraubes erheblich erweitert werden konnte. Auch die sogenannten Anti-Terror-Gesetze werden die Arbeit der Polizei erleichtern. Ich bin jedoch mit vielen Polizeiführern der Auffassung, daß die Bundesregierung auf halbem Wege stehen geblieben ist. Die sogenannten Anti-Terror-Gesetze hätten wirksamer sein können und sie hätten der Polizei und der Justiz die Arbeit im Kampf gegen Terroristen in größerem Umfange erleichtern können.

Eine für die Polizei nicht immer leichte Aufgabe liegt zudem in der Differenzierung zwischen kriminellem politischem Terror und erlaubten politischen Aktionen von Randgruppen, also in der Bestimmung der Grenze zwischen politischem Radikalismus und demokratischem Reformwillen. Die Polizei muß hier sorgfältig prüfen und dann mit Entschiedenheit handeln. Eine nicht leichte Aufgabe, wenn man bedenkt, daß es vielfältige Formen von legitimen und legalen Bürgerinitiativen und Demonstrationen gibt, und daß die Unterscheidung zwischen *dem politischen Engagement* kritischer Bürger und einem zunächst bewußt gedämpften politischen Radikalismus äußerst schwierig sein kann.

Vieles spricht dafür, daß auf längere Sicht die ernstzunehmenderen Gefahren für unsere freiheitlich-demokratische Grundordnung nicht von den Terrorakten der Anarchisten ausgehen, sondern von der disziplinierten und einer längerfristigen Strategie folgenden Aktivität rechts- und vor allem linksextremistischer Organisationen, die in der gegenwärtigen Situation die Anwendung von Gewalt weitgehend vermeiden und sich statt dessen auf den *„langen Marsch durch die Institutionen"* begeben haben. Die spektakulären Gewaltakte der Terroristen lenken auf eine bedenkliche Weise die Aufmerksamkeit der Öffentlichkeit und wohl auch die Aufmerksamkeit der Polizei ab von anderen gefährlichen Spielarten des Extremismus. Ich möchte auch davor warnen, den Rechts- und

Linksextremismus schon deshalb als überwunden und als ungefährlich anzusehen, weil die Wähler allen rechts- und linksextremistischen Parteien bei den letzten Wahlen eine eindeutige Abfuhr erteilten und sicher auch am 3. Oktober erteilen werden. Sowohl die *„Jungen Nationaldemokraten"* als auch *die DKP* und *ihre Unterorganisationen verfolgen ihre verfassungsfeindlichen Ziele unvermindert* und mit bemerkenswerter ideologischer und organisatorischer Geschlossenheit.

In diesem Zusammenhang scheint mir noch ein anderer Aspekt von Bedeutung zu sein. Der Staat und die Gesellschaft mit ihren verschiedenen Gruppen und Institutionen müssen mehr Energie als bisher darauf verwenden, die Ursachen von „innerer Unsicherheit" zu beheben, das heißt soziale Mißstände zu beseitigen und damit zu einer gewaltfreien Lösung der gesellschaftlichen Konflikte beizutragen. Gesellschaftspolitische Probleme müssen mit politischen und nicht mit polizeilichen Mitteln gelöst werden. Konflikte, die aus den Versäumnissen der Politik herrühren, dürfen nicht auf dem Rücken und zu Lasten der Polizei ausgetragen werden.

Dieser Hinweis bedeutet nun aber keineswegs, daß ich den Polizeibeamten auch oder gar ausschließlich zum „Sozialingenieur" machen will. Die Polizei im freiheitlich-demokratischen Rechtsstaat kann sich nicht auf sozialpflegerische und caritative Tätigkeiten zurückziehen. Dazu sind andere Einrichtungen vorhanden. Ihre Aufgabe ist und bleibt, die öffentliche Sicherheit und Ordnung aufrechtzuerhalten. Ich glaube nicht, daß es jemals eine Gesellschaftsordnung geben wird, in der diese Aufgabe überflüssig wäre. Die Vorstellung von einer Gesellschaft, in der es keine Rechtsbrecher mehr gibt und in der sich ein ungestörtes, friedliches Zusammenleben aller Menschen von alleine einstellt, halte ich für eine gefährliche Illusion.

Richtig ist allerdings die These, daß die Polizei in Zukunft stärker vorbeugend und präventiv tätig werden muß. Es gibt schon heute eine Reihe interessanter Ansätze, die in diese Richtung weisen, wie zum Beispiel das kriminalpolizeiliche Vorbeugungsprogramm der Landeskriminalämter oder die Auswertung der Unfallkarten, um nur zwei Beispiele zu nennen.

Voraussetzung für präventivpolizeiliches Handeln ist indessen, daß sich die Polizeibeamten stärker auf einzelne Aufgabenbereiche, zum Beispiel auf die Jugend- oder Ausländer-Kriminalität, spezialisieren.

Polizeiliche Prävention wird immer darauf gerichtet sein, Gefahren für die Sicherheit der Bürger abzuwenden. Der Polizeibeamte wird deshalb nie seine Rolle gegen die des Sozialhelfers oder Jugendpflegers austauschen können, deren Arbeit andere Zwecke verfolgt und die dafür eine spezifische Ausbildung erhalten.

So notwendig die von mir angesprochenen Maßnahmen auch sind, so reicht es doch keinesfalls aus, das rechtliche Instrumentarium für Polizei und Strafverfolgungsbehörden in der von mir dargelegten Weise zu verbessern; denn was nützt es schließlich, wenn die personellen, ausbildungs- und ausrüstungsmäßigen Voraussetzungen zu seiner Anwendung nicht gegeben sind.

Auch dies erscheint mir im übrigen als eine unverzichtbare rechtsstaatliche Forderung, daß das Gemeinwesen auch tatsächlich in der Lage sein muß, gegen die Gefährdung der Rechte seiner Bürger einzuschreiten und begangene Gesetzesverstöße zu ahnden. So muß eine intensive und mit Konsequenz betriebene Verbrechensbekämpfung für jeden Staat langfristig eine Existenzfrage sein. Nicht nur, daß es im Hinblick auf alle gesetzestreuen Bürger als Postulat der Gerechtigkeit auch im Sinne von Gleichheit vor dem Gesetz erscheint, die Rechtsbrecher zu verfolgen und angemessen zu bestrafen. Vielmehr gäbe sich der Staat im Grunde selbst auf, wollte er nicht alles tun, um die Kriminalität soweit wie möglich einzudämmen und verübte Straftaten zu ahnden. Geschieht dies nämlich nicht, verliert der Staat seine Glaubwürdigkeit. Es beginnt dann ein Schwund an Rechtsbewußtsein. Immer mehr Bürger sehen dann keinen Grund mehr, sich so zu verhalten, wie es der Gesetzgeber für alle verbindlich beschlossen hat. Wenn in der Öffentlichkeit immer mehr der Eindruck entsteht, die Polizei werde der Gesetzesbrecher nicht Herr, sei es, weil sie personell zu schwach besetzt, zu schlecht ausgebildet oder ausgerüstet wäre, dann wird der dadurch verursachte Verlust des Rechtsbewußtseins schließlich zur Auflösung jeglicher Ordnung und damit letztendlich zur Anarchie führen.

Die Verantwortlichen in Staat und Gesellschaft und auch die mündigen Bürger müssen sich daher im klaren darüber sein, daß der öffentlichen Sicherheit der Stellenwert eingeräumt wird, der ihr zukommt, wenn nicht sämtliche übrigen Rechtsgüter relativiert werden sollen. Schließlich gibt es keine Freiheit ohne Sicherheit. Man wird natürlich auch nicht alles auf einmal verlangen können, denn die Gewährleistung der Inneren Sicherheit ist nur eine der wesentlichen Forderungen des Bürgers an den Staat. Daneben stehen gleichwertige Begriffe wie die Bildung oder etwa der Umweltschutz. Das ändert aber nichts daran, daß die vom Bürger gewünschte Verbesserung seiner Sicherheit die Einsicht und die fortdauernde Bereitschaft von Öffentlichkeit und Parlamenten erfordert, über Jahre hindurch die zum Abbau des Personalfehlbestandes sowie der Ausbildungs- und Ausrüstungsmängel erforderlichen Finanzmittel für die Polizei bereitzustellen und nicht nur kurzfristig zu einmaligen größeren Bewilligungen aus aktuellem Anlaß bereit zu sein.

Zum Aufbau und zur Erhaltung einer schlagkräftigen Polizei bedarf es einer kontinuierlichen und längerfristigen Planung; und dies auch dann, wenn die Polizei nicht ständig durch spektakuläre Vorfälle im Blickpunkt der Öffentlichkeit steht. Jeder einzelne von Ihnen mag die Frage für sich beantworten, ob in seinem Land bzw. in seinem Bereich genügend getan worden ist und getan wird.

Lassen Sie mich zum Schluß in Anlehnung an einen Aufsatz von Innenminister Schwarz zum Thema „Sicherheit im Rechtsstaat" in Heft 158 der Zeitschrift „Die politische Meinung" einige Maßnahmen nennen, von denen ich mir eine Verbesserung der polizeilichen Effizienz verspreche.

1. Da die Polizei in den meisten Bundesländern unter erheblichem Personalmangel leidet, müssen die verantwortlichen Politiker und die Polizeiverwaltungen Phantasie und Initiative entwickeln, um durch einen rationelleren Einsatz der vorhandenen Kräfte, durch moderne technische Ausrüstung und bessere Aus- und Fortbildung der Polizei sowie durch flexible Übergangsregelungen den Personalmangel soweit wie möglich zu kompensieren. Für sinnvoll halte ich beispielsweise den Einsatz von weniger hochqualifiziertem Personal für nicht polizeispezifische Aufgaben oder die Einstellung von Hilfskräften (zum Beispiel Politessen), aber auch die Schaffung sogenannter Kontaktbeamter.

2. Die Isolierung und Abkapselung der Polizei gegenüber der inneren Verwaltung und gegenüber der Außenwelt überhaupt müssen überwunden werden. Ausdruck dieser Isolierung sind das rein interne Ausbildungssystem, die gegen von außen kommende Bewerber stark abschirmende Einheitslaufbahn und die unterentwickelte Zusammenarbeit mit anderen staatlichen Einrichtungen. Darunter leidet die Bereitschaft zu Veränderungen und Reformen. Mehr denn je sind aber Organisationen auf Impulse und neue Gedanken angewiesen, die von außen in sie hineingetragen werden. Außerdem brauchen wir bei der Polizei mehr Spezialisten, beispielsweise Techniker und Volkswirte, die bei der Polizei selbst überhaupt nicht ausgebildet werden können. Hinzu kommt, daß in geschlossenen Organisationen der Bezugsrahmen für die Leistungsbeurteilung in aller Regel verengt wird. Um diese Isolierung zu überwinden, müssen wir vor allem die polizeiliche Ausbildung verbessern. Das Laufbahnrecht muß bei grundsätzlicher Beibehaltung der Einheitslaufbahn durchlässiger gestaltet werden und die Hereinnahme von Spezialisten mit besonderen Qualifikationen in die Polizei erleichtern. Entsprechende Maßnahmen sind in verschiedenen Bundesländern bereits eingeleitet.

   Für sehr wichtig halte ich auch, daß bei der Besetzung von Spitzenpositionen in der Polizei die Durchlässigkeit zwischen den Bundesländern sowie zwischen Bund und Ländern verbessert wird. Auch innerhalb der einzelnen Länder brauchen wir dringend eine größere

Mobilität der Beamten bei der Besetzung herausgehobener Positionen.

3. Die heutige Gesellschaft wird ständig komplexer und differenzierter. Keine andere Berufsgruppe ist so unmittelbar mit dieser vielgestaltigen Realität konfrontiert wie die Polizeibeamten. Mit hergebrachten Denkmustern und Faustregeln lassen sich viele Aufgaben der Polizei heute nicht mehr lösen. Die Polizeibeamten müssen daher schon in der Ausbildung zu selbständigem Denken, Einfallsreichtum und Initiative erzogen werden. Neben der Entwicklung von neuen Führungs- und Einsatzkonzeptionen kommt der Beratung durch externe Fachleute immer größere Bedeutung zu.

4. Wir brauchen Konzeptionen für eine systematische und kontinuierliche Fortbildung der Polizeibeamten. Das ist eine Notwendigkeit in einer Welt, in der sich das gesamte Wissen der Menschen innerhalb von 10 Jahren verdoppelt hat.

5. Eine entscheidende Effizienzverbesserung der Polizei verspreche ich mir von einer besseren Nutzung wissenschaftlicher Erkenntnisse. Bisher war es so, daß entweder polizeiliche Fragen von den Wissenschaftlern vernachlässigt wurden oder daß vorliegende Forschungsergebnisse nicht ausreichend für die polizeiliche Praxis nutzbar gemacht wurden. Deshalb müssen wir neue Formen der Zusammenarbeit zwischen Wissenschaftlern und Vertretern der Polizeipraxis entwickeln. Das gilt namentlich für die vorbeugende Verbrechensbekämpfung und die Prognoseforschung.

6. Die wachsende Kriminalität kann nur dann erfolgreich bekämpft werden, wenn menschliche Intelligenz und Arbeitskraft durch den Einsatz modernster Informations- und Kommunikationstechniken unterstützt werden. Auf dem Gebiet des EDV-Einsatzes liegen noch enorme Möglichkeiten, die Effizienz der Polizei zu verbessern.

7. Mit der ständig wachsenden Mobilität des internationalen Verbrechens hat die Kooperation bei der Verbrechensbekämpfung nicht Schritt gehalten. Grundbedingung einer erfolgversprechenden internationalen Zusammenarbeit sind Rechtsangleichung in den für die Innere Sicherheit wichtigen Rechtsgebieten, Verbesserung des internationalen Rechtshilfeverkehrs und Ausweitung der gegenseitigen Unterstützung auf die politisch motivierte Kriminalität und den Terrorismus. Ein erster wichtiger Schritt auf diesem Wege war die Konferenz der für die Innere Sicherheit zuständigen EG-Minister.

Die Bürger unseres Landes haben einen Anspruch auf wirkungsvollen Schutz ihres Lebens, ihrer Freiheiten und ihres Eigentums und damit auf ein höchstmögliches Maß an Leistung der Polizei zur Garantie der Inneren Sicherheit.

Eine auf dem Boden unseres freiheitlich-demokratischen Rechtsstaates stehende und erfolgreich handelnde Polizei ist Garant für unsere freiheitlich-demokratische Grundordnung.

Der Erfolg der Polizei hängt indessen nicht zuletzt auch von der klaren gesetzlichen Regelung ihres Auftrages und ihrer Befugnisse ab.

Ich begrüße es daher, daß Sie, Herr Professor Merten, wichtige Probleme des „Musterentwurfs eines einheitlichen Polizeigesetzes des Bundes und der Länder“ in den Mittelpunkt dieses Sonderseminars der Hochschule für Verwaltungswissenschaften gestellt haben. Ich bin sicher, daß die nachfolgenden Referate dieses Seminars und das Ergebnis der Diskussionen bei der Behandlung des Musterentwurfs in den Fachministerien und bei den parlamentarischen Ausschußberatungen eine bedeutsame Rolle spielen werden; denn im Musterentwurf waren eine Reihe sehr schwieriger Fragen zu lösen. Die Innenministerkonferenz hat sich ihre Arbeit nicht leicht gemacht. Sie hat die Öffentlichkeit rechtzeitig über ihr Vorhaben unterrichtet und eine Reihe von Fragen sehr intensiv diskutiert, wobei es selbstverständlich war, auch die Auffassung namhafter Professoren in die Diskussion einzubeziehen. Ich selbst habe an mehreren Arbeitssitzungen teilgenommen und weiß, wie sehr um jede einzelne Formulierung gerungen wurde. Daß der Musterentwurf am 11. Juni dieses Jahres beschlossen wurde, lag meines Erachtens auch an dem guten Klima, das in der Innenministerkonferenz herrscht; denn es galt, sich in vielen wichtigen Fragen über die Parteien hinweg zu verständigen.

Natürlich wurde auch die Frage diskutiert, ob eine Bundespolizei den Bürger besser vor Kriminalität schützen könne. Gegen die Schaffung einer Bundespolizei spricht meines Erachtens einmal der Gesichtspunkt der Effizienz, die in einem dezentralisierten System zweifelsohne größer ist. Ich möchte hier zur Begründung meiner These nur auf die Ausführungen des früheren Justizministers der Vereinigten Staaten von Nordamerika, Ramsey Clark, zur amerikanischen Bundespolizei in seinem bei uns unter dem Titel „Demokratie und Verbrechen“ erschienenen Buch hinweisen.

Gegen die Schaffung einer Bundespolizei spricht aber vor allem, daß der Deutsche Bundestag die Anwendung polizeilicher Macht niemals so umfassend und wirksam kontrollieren könnte, wie dies heute bei 11 Länderparlamenten und dem Bundestag der Fall ist.

Wer die Forderung nach effizienten Sicherheitsorganen *und* nach einer funktionierenden demokratischen Kontrolle staatlicher Gewalt gleichermaßen ernst nimmt, wer also Sicherheit *und* Freiheit will, für den bietet unser föderalistischer Staatsaufbau die optimalen Bedingungen.

Notwendigkeit einheitlicher Polizeigesetze?

Von Carl Hermann Ule

I. Stand der Erörterungen über einheitliche Polizeigesetze

Zum zweiten Mal nach dem Ende des zweiten Weltkrieges und dem Zusammenbruch des nationalsozialistischen Staates wird in der Bundesrepublik der Versuch unternommen, das allgemeine Polizeirecht, das in bundes- und landesrechtliche Gesetze und Verordnungen zersplittert ist, zu vereinheitlichen. Seit etwa einem Jahr liegt der interessierten Öffentlichkeit der Musterentwurf eines einheitlichen Polizeigesetzes vor, der inzwischen von der Ständigen Konferenz der Innenminister/Senatoren des Bundes und der Länder am 11. Juni dieses Jahres verabschiedet worden ist.

1. Schon an der *Bezeichnung dieses Entwurfs* hat man, wie ich meine, zu Recht, Kritik geübt. *Seebode*[1] hat bemerkt, daß der Titel insofern irreführend sei, als nicht *ein* einheitliches Gesetz entworfen sei, die Vorlage vielmehr *zwölf* Gesetzgebern dienen solle. Er selbst spricht deshalb im Untertitel seiner Abhandlung über „Strafverfolgung und Polizeirecht?" von dem Musterentwurf einheitlicher Polizeigesetze. Es darf daran erinnert werden, daß der Musterentwurf eines Polizeigesetzes in dem 1964 veröffentlichten Musterentwurf eines Verwaltungsverfahrensgesetzes einen Vorläufer hat; dieser Entwurf, der eine Bundes- und eine Länderfassung hatte, nannte sich auch nicht Musterentwurf eines *einheitlichen* Verwaltungsverfahrensgesetzes.

Der Musterentwurf eines Polizeigesetzes geht auf das von der Ständigen Konferenz der Innenminister entwickelte „Programm für die innere Sicherheit der Bundesrepublik Deutschland" zurück, nach dem „im Hinblick auf die zunehmende Zusammenarbeit der Polizeien des Bundes und der Länder ... anzustreben (ist), den schon jetzt inhaltlich nahezu übereinstimmenden Polizeigesetzen der Länder, einschließlich des Rechts der Zwangsmittel und der Anwendung des unmittelbaren Zwanges, eine einheitliche Fassung zu geben. Dazu wird ein das materielle Polizeirecht umfassender Musterentwurf erstellt, der von allen Ländern übernommen werden sollte". Der Arbeitskreis der Innenministerkonferenz „Öffent-

[1] Strafverfolgung und Polizeirecht?, Kritische Bemerkungen zum Musterentwurf einheitlicher Polizeigesetze, MDR 1976, S. 537 ff.

liche Sicherheit und Ordnung" hat dazu in der Sitzung vom 20. Juni 1972 den Beschluß gefaßt, einen mit sechs ständigen Mitgliedern besetzten ad hoc-Ausschuß unter dem Vorsitz des damaligen Ministerialrats (jetzt Leitenden Ministerialrats) *Heise* vom Innenministerium Nordrhein-Westfalen zu bilden, und ihm den Auftrag erteilt, den Musterentwurf eines einheitlichen Polizeigesetzes — ohne Organisation — der Länder und des Bundes zu erarbeiten und in diese Arbeiten insbesondere die Problematik der Anordnung unmittelbaren Zwanges und des Schußwaffengebrauchs der Polizei einzubeziehen.

Der von dieser Kommission ausgearbeitete Musterentwurf eines einheitlichen Polizeigesetzes (Stand vom 20. 4. 1974) lag der Innenministerkonferenz am 14. Juni 1974 vor. Diese sah den Kommissionsentwurf als eine geeignete Grundlage für einheitliche Polizeigesetze des Bundes und der Länder an und beauftragte eine Staatssekretär-Kommission, die mit dem Problem des sog. Todesschusses (§ 41 Abs. 2) und des Einsatzes von Maschinengewehren, Handgranaten und Sprengmitteln (§ 44) zusammenhängenden Fragen in einem Anhörverfahren zu prüfen.

Die Staatssekretär-Kommission hat die Professoren *Dr. Bokelmann*, München, *Dr. Lange*, Köln, *Dr. Lerche*, München, *Dr. Dr. Merten*, Speyer, und *Dr. Schmidhäuser*, Hamburg, zu den genannten Fragen gutachtlich gehört.

Ferner haben die Justizminister/Senatoren des Bundes und der Länder sowie die Berufsverbände der Polizei zu diesen Fragen Stellung genommen.

Die Gutachten und Stellungnahmen haben in verschiedenen Punkten zu einer Änderung des Entwurfs (Fassung vom 20. 4. 1974) geführt, insbesondere bei der Regelung des Todesschusses und des Einsatzes besonderer Waffen.

Über den geänderten Entwurf hat die Konferenz der Innenminister am 20. Juni 1975 erneut beraten und den Entwurf für eine geeignete Grundlage für ein einheitliches Polizeigesetz des Bundes und der Länder erklärt, wobei sie inhaltlich übereinstimmende Polizeigesetze des Bundes und der Länder gemeint haben dürfte.

Sie hat außerdem veranlaßt, daß der Entwurf der interessierten Öffentlichkeit — insbesondere der Wissenschaft — zugänglich gemacht sowie der Justiz und den Berufsvertretungen der Polizei zugeleitet wurde mit der Bitte, bis zum 1. November 1975 Stellung zu nehmen.

Den auf Grund der eingegangenen Stellungnahmen neu gefaßten Entwurf hat die Innenministerkonferenz am 10./11. Juni 1976 verabschiedet und ergänzend beschlossen, daß sie ihn als geeignete Grundlage für einheitliche Polizeigesetze in Bund und Ländern ansehe.

2. Im Gegensatz zu früheren Versuchen beschränkt sich der Entwurf darauf, *die Aufgaben und die Befugnisse der Polizei als Polizeivollzugsdienst* zu regeln. Er umfaßt daher nicht die gesamte Gefahrenabwehr, die in den Ländern der ehemaligen britischen und amerikanischen Besatzungszone nicht mehr von Polizeibehörden, sondern von Verwaltungsbehörden und Ordnungsbehörden wahrgenommen wird. Die Begründung zu dem Entwurf[2] sieht darin einen besonderen Vorzug, weil nur unter Beschränkung auf den Polizeivollzugsdienst eine Vereinheitlichung möglich sei und ein die allgemeine Gefahrenabwehr umfassender Entwurf auch die Vereinheitlichung der Organisation der dazu zuständigen Behörden voraussetzen würde, den das Sicherheitsprogramm ausdrücklich nicht fordere. Die Begründung meint allerdings — und diese Meinung ist wohl zutreffend —, daß sich der Entwurf mittelbar auch im Bereich der allgemeinen Gefahrenabwehr vereinheitlichend auswirken werde: Das gelte vor allem für die Befugnisse, die — jedenfalls im Prinzip — für Polizei und Behörden der allgemeinen Gefahrenabwehr nur einheitlich geregelt werden könnten.

Als Folge der Beschränkung auf die Vollzugspolizei enthält der Entwurf, wiederum im Gegensatz zu den früheren Versuchen, keine Vorschriften über den Erlaß von Polizeiverordnungen, da dieser nicht zu den Aufgaben der Vollzugspolizei gehört.

Der Entwurf regelt deshalb in fünf Abschnitten die Aufgaben und die Befugnisse der Polizei, die Vollzugshilfe, den polizeilichen Zwang, Schadensausgleich, Erstattungs- und Ersatzansprüche. Der 1. Abschnitt enthält außer der Umschreibung der Aufgaben der Vollzugspolizei (§ 1) und ihrem Verhältnis zu anderen Behörden (§ 1 a) allgemeine Vorschriften über den Grundsatz der Verhältnismäßigkeit (§ 2), über Ermessen und Wahl der Mittel (§ 3), über die Verantwortlichkeit für das Verhalten von Personen (§ 4), über die Verantwortlichkeit für den Zustand von Sachen (§ 5), über die unmittelbare Ausführung einer Maßnahme (§ 5 a), über die Inanspruchnahme nicht verantwortlicher Personen (§ 6) und über die Einschränkung von Grundrechten (§ 7). Diese allgemeinen Vorschriften sind, von unerheblichen Unterschieden abgesehen — z. B. der verschiedenen Altersgrenze bei der Verantwortlichkeit für Minderjährige — allgemeines deutsches Polizeirecht. Der 2. Abschnitt umschreibt in § 8 in herkömmlicher Weise die polizeiliche Generalklausel und regelt in den §§ 9 - 24 die besonderen Befugnisse der Vollzugspolizei: Identitätsfeststellung und Prüfung von Berechtigungsscheinen (§ 9), erkennungsdienstliche Maßnahmen (§ 10), Vorladung (§ 11), Platzverweisung (§ 12), Gewahrsam (§ 13), richterliche Entscheidung (§ 14), Behandlung festgehaltener Personen (§ 15), Dauer der Freiheitsentziehung (§ 16), Durchsuchung von Personen (§ 17), Durchsuchung von Sachen (§ 18), Betreten

---

[2] S. 5.

und Durchsuchung von Wohnungen (§ 19), Verfahren bei der Durchsuchung von Wohnungen (§ 20), Sicherstellung (§ 21), Verwahrung (§ 22), Verwertung und Vernichtung (§ 23), Herausgabe sichergestellter Sachen oder des Erlöses, Kosten (§ 24). Der 3. Abschnitt über die Vollzugshilfe regelt Begriff und Voraussetzungen der Vollzugshilfe (§ 25), das Verfahren (§ 26) und die Vollzugshilfe bei Freiheitsentziehung (§ 27). Der umfangreiche 4. Abschnitt über den polizeilichen Zwang (§§ 28 - 44) gliedert sich in zwei Unterabschnitte. Der erste regelt die Erzwingung von Handlungen, Duldungen und Unterlassungen und zwar: Die Zulässigkeit des Verwaltungszwanges (§ 28), Zwangsmittel (§ 29), Ersatzvornahme (§ 30), Zwangsgeld (§ 31), Ersatzzwangshaft (§ 32), unmittelbarer Zwang (§ 33) und Androhung der Zwangsmittel (§ 34), der zweite die Ausübung unmittelbaren Zwanges und zwar nach Vorschriften über die rechtlichen Grundlagen (§ 35) und die Begriffsbestimmungen (§ 36) das Handeln auf Anordnung (§ 37), die Hilfeleistung für Verletzte (§ 38), die Androhung (§ 39), die Fesselung von Personen (§ 40), allgemeine Vorschriften für den Schußwaffengebrauch (§ 41), Schußwaffengebrauch gegen Personen (§ 42), Schußwaffengebrauch gegen eine Menschenmenge (§ 43) und besondere Waffen, Sprengmittel (§ 44). Nicht geregelt wird die Zwangsvollstreckung wegen öffentlich-rechtlicher Geldforderungen, da diese — wie die Begründung richtig hervorhebt — keine spezifisch polizeirechtliche Materie darstellt, die nach Vereinheitlichung drängt[3]. Sie bleibt den Verwaltungsvollstreckungsgesetzen des Bundes und der Länder vorbehalten. Der 5. Abschnitt über Schadensausgleich, Erstattungs- und Ersatzansprüche behandelt die zum Schadensausgleich verpflichtenden Tatbestände (§ 45), Inhalt, Art und Umfang des Ausgleichsanspruchs (§ 46), Ansprüche mittelbar Geschädigter (§ 47), Verjährung des Ausgleichsanspruches (§ 48), Ausgleichspflichtiger, Erstattungsansprüche (§ 49), Rückgriff gegen den Verantwortlichen (§ 50), Rechtsweg (§ 51). Dieser Abschnitt beseitigt die Unterschiede, die im geltenden Bundes- und Landesrecht bestehen, z. B. bei der Verjährung (§ 48), und führt als Neuerung für die Länder — in Anlehnung an § 34 Abs 1 BGSG — den Ersatz auch des immateriellen Schadens ein (§ 46 Abs. 2). Der 6. Abschnitt schließlich enthält eine Schlußbestimmung über Amtshandlungen von Polizeibeamten anderer Länder und des Bundes.

Aus dieser Inhaltsangabe ergibt sich, daß der Entwurf Fragen regelt, die nach geltendem Recht in Bund und Ländern recht unterschiedlich behandelt werden. In den meisten Ländern sind die Aufgaben und Befugnisse der Polizei zusammen mit den Aufgaben der Behörden der allgemeinen Gefahrenabwehr geregelt, so in den Ländern Baden-Württemberg, Berlin, Bremen, Hamburg, Hessen, Niedersachsen und Rheinland-Pfalz. In anderen Ländern, z. B. in Nordrhein-Westfalen, bestehen be-

[3] a.a.O., S. 11.

sondere Gesetze für die Ordnungsbehörden und die Polizei. Die im Entwurf geregelten Fragen des unmittelbaren Zwanges werden in einigen Ländern (Baden-Württemberg, Bayern, Rheinland-Pfalz) durch die Polizeigesetze geregelt, in anderen in besonderen Gesetzen über den unmittelbaren Zwang (Berlin, Hessen, Nordrhein-Westfalen). Auch im Bund gilt ein besonderes Gesetz über den unmittelbaren Zwang. In Schleswig-Holstein sind alle diese Vorschriften im Landesverwaltungsgesetz[4] zusammengefaßt.

Nach der Begründung vereinheitlicht der Entwurf in erster Linie die schon inhaltlich weitgehend übereinstimmenden Vorschriften in Bund und Ländern[5]. Darüber hinaus enthält er aber auch neue Vorschriften, um als regelungsbedürftig erkannte Probleme zu lösen. Das gilt vor allem für die Regelung des sog. Todesschusses in den Vorschriften über den Schußwaffengebrauch.

Ungeregelt bleibt das Problem einer *Pflicht der Polizei zum Einschreiten* bei schweren Gefahren für erhebliche Rechtsgüter. Nach § 3 Abs. 1 trifft die Polizei ihre Maßnahmen nach pflichtgemäßem Ermessen. Eine Einschränkung des allgemein für die Gefahrenabwehr geltenden Opportunitätsprinzips enthält der Entwurf nicht. Die Begründung[6] meint dazu, daß Rechtsprechung und Schrifttum bisher keine präzisen Vorstellungen dazu entwickelt hätten, wo die Grenzen des Opportunitätsprinzips, insbesondere im Hinblick auf eine Pflicht der Polizei zum Einschreiten bei schweren Gefahren für erhebliche Rechtsgüter, lägen. Eine generelle gesetzliche Regelung dieser Frage erscheine z. Z. weder möglich noch erforderlich, zumal es entscheidend auf die Umstände des einzelnen Falles ankomme. Die Begründung, die lediglich auf *Schmatz,* Die Grenzen des Opportunitätsprinzips im heutigen deutschen Polizeirecht, 1966, verweist, hätte sich auch auf *Vogel in Drews/Wacke/Vogel/Martens,* Gefahrenabwehr, 1975, berufen können, der ebenfalls meint, daß die Voraussetzungen einer Verpflichtung der Polizei zum Einschreiten „bisher nur wenig geklärt“ seien[7]. Diese Stellungnahme mag die Entscheidung des Entwurfs rechtfertigen, die weitere Klärung der Frage Rechtswissenschaft und Rechtsprechung zu überlassen.

Ungeregelt bleibt auch die Frage der *Konkurrenz von Verhaltenshaftung und Zustandshaftung,* obwohl diese Frage durch die Rechtsprechung in dem Sinne geklärt ist, daß die Polizei sich in einem solchen Fall in erster Linie an den Störer zu halten hat, der *durch sein Verhalten* die polizeiliche Gefahr herbeigeführt hat[8].

---

[4] Allgemeines Verwaltungsgesetz für das Land Schleswig-Holstein (Landesverwaltungsgesetz) vom 18. 4. 1967 (GVOBl. S. 131).

[5] a.a.O., S. 6.

[6] a.a.O., S. 25.

[7] a.a.O., S. 166.

II. Frühere Vereinheitlichungsversuche

Schon in den einleitenden Bemerkungen habe ich darauf hingewiesen, daß der Musterentwurf eines Polizeigesetzes nicht den ersten Versuch darstellt, das im Bund und in den Ländern geltende Polizeirecht zu vereinheitlichen. Bald nach dem Inkrafttreten des Grundgesetzes wurde das Thema „Öffentliche Sicherheit und Ordnung" Gegenstand wissenschaftlicher Erörterungen und rechtspolitischer Bemühungen. Bereits im Frühjahr 1950 hatte das Institut zur Förderung öffentlicher Angelegenheiten in Frankfurt a. M. auf einer Arbeitstagung das Verhältnis von Stadtverwaltung und Polizei in den süddeutschen Ländern behandelt[9]. Im Herbst 1950 beschäftigte sich die Vereinigung der deutschen Staatsrechtslehrer auf ihrer Münchener Tagung[10] mit der Gestaltung des Polizei- und Ordnungsrechts in den einzelnen Besatzungszonen. In den darauf folgenden Jahren hat wiederum das Institut zur Förderung öffentlicher Angelegenheiten durch Einsetzen einer Studienkommission die Klärung der polizei- und ordnungsrechtlichen Probleme erheblich gefördert und die Neuordnung des Polizei- und Ordnungsrechts durch die Ausarbeitung eines Modellgesetzes für die öffentliche Sicherheit und Ordnung zu beeinflussen versucht[11]. Auch die Arbeitsgemeinschaft der Innenministerien der Bundesländer hat sich schon damals um die Koordinierung der Gesetzgebungsarbeit auf dem Gebiet des Polizei- und Ordnungsrechts in den einzelnen Ländern bemüht. Alle diese Erörterungen dienten zu einem wesentlichen Teil der Vorbereitung der gesetzlichen Neuordnung des Polizei- und Ordnungsrechts, die durch die Eingriffe der Besatzungsmächte in den früheren Rechtszustand in den Ländern der amerikanischen und britischen Besatzungszone notwendig geworden war. Diese Neuordnung ist vor allem in dem Jahrzehnt zwischen 1950 und 1960 erfolgt, hat aber die erwartete Vereinheitlichung der Polizei- und Ordnungsgesetze nicht herbeigeführt.

Das Modellgesetz für die öffentliche Sicherheit und Ordnung war aus mehreren Gründen nicht geeignet, der Polizeigesetzgebung der Länder als Vorbild zu dienen.

---

[8] *OVG Hamburg* vom 15. 6. 1953, DVBl. 1953, S. 542 f. = VRspr. Bd. 5, S. 841 ff., *OVG Münster* vom 3. 10. 1963, AS Bd. 19, S. 101 ff., *OVG Koblenz* vom 16. 11. 1967, AS Bd. 10, S. 209 ff., = VRspr. Bd. 19, S. 849 ff. und zuletzt *Ossenbühl*, Polizeilicher Ermessens- und Beurteilungsspielraum, DÖV 1976, S. 463 ff., 470 f.

[9] Stadtverwaltung und Polizei in den süddeutschen Ländern, Bericht über eine Arbeitstagung, 1950.

[10] VVDStRL Heft 9, 1952, S. 134 ff.

[11] Über dieses Modellgesetz berichten *Hans Peters*, Ein Modell-Polizeigesetz, DÖV 1953, S. 385 ff. und *Gerhard Wacke*, Das Frankfurter Modell eines Polizeigesetzes, DÖV 1953, S. 388 ff.

(1) Schon daß es, wie *Hans Peters*[12], der Vorsitzende der vom Institut zur Förderung öffentlicher Angelegenheiten eingesetzten Studienkommission, betont hat, „in erster Linie von den Verhältnissen in der amerikanischen Besatzungszone ausgegangen" war, hatte zur Folge, wie *Wacke*[13] bemerkt hat, daß die norddeutschen Länder (der britischen Besatzungszone), Rheinland-Pfalz und Berlin es für sich nicht als Beispiel empfanden.

(2) Da es nicht nur das Recht der Vollzugspolizei, sondern auch der Ordnungsbehörden regeln wollte, traf es Vorschriften über die Organisation der Polizeibehörden und der Ordnungsbehörden und griff damit in empfindlicher Weise in die Organisationsgewalt der Länder ein, die von diesen besonders eifersüchtig gehütet wird. Insbesondere durch die Übernahme der Unterscheidung zwischen Polizeibehörden und Ordnungsbehörden und durch eine vermittelnde Lösung zwischen staatlicher und kommunaler Polizei stieß das Modellgesetz auf beachtliche Gegenströmungen in den rechtspolitischen Vorstellungen der Länder und in den Auffassungen der Wissenschaft[14].

(3) Auch die Einbeziehung des Polizeiverordnungsrechts in das Modellgesetz und ihre Übertragung auf die gemeindlichen Vertretungskörperschaften mußte Widerspruch hervorrufen[15].

(4) Schließlich ging das Modellgesetz völlig an den Vorstellungen des bayerischen Polizei- und Ordnungsrechts mit der Unterscheidung und Trennung polizeilicher Aufgaben und Befugnisse und an den bayerischen Bedenken gegen eine polizeiliche Generalklausel vorbei und konnte schon aus diesem Grunde für die bayerische Polizeigesetzgebung der 50er Jahre nicht vorbildlich sein.

Der mit dem Modellgesetz über die öffentliche Sicherheit und Ordnung unternommene Versuch, das Polizei- und Ordnungsrecht einheitlich zu regeln[16], konnte deshalb keinen Erfolg haben. *Peters*, einer der Väter dieses Gesetzentwurfs, hat selbst gemeint, daß dieser Entwurf unverändert in kaum einem Land werde übernommen werden können[17], und *Wacke* hat dem Modellgesetz lediglich den Wert beigemessen, auf dem Wege zu einer übereinstimmenden Regelung in den Ländern „eine gute und wichtige Hilfe" zu sein[18].

Bemerkenswert ist, daß das Modellgesetz außer den Vorschriften über die Organisation der Polizei- und Ordnungsbehörden und den Erlaß von

[12] Ein Modell-Polizeigesetz, a.a.O., S. 385.
[13] Das Frankfurter Modell eines Polizeigesetzes, a.a.O., S. 388.
[14] *Wacke*, a.a.O., S. 390 ff.
[15] *Wacke*, a.a.O., S. 392 f.
[16] So *Peters*, a.a.O., S. 387.
[17] a.a.O., S. 387.
[18] a.a.O., S. 395.

Verordnungen dieselben Fragen regelte, die auch im Musterentwurf eines Polizeigesetzes geregelt werden, so daß es in dieser Beziehung einen echten Vorläufer des Musterentwurfs darstellt.

III. Verfassungsrechtliche Lage

Die Frage nach der Notwendigkeit einheitlicher Polizeigesetze muß von der verfassungsrechtlichen Lage ausgehen, die durch das Grundgesetz im Bereich des Polizeirechts gegeben ist.

1. Anders als die Weimarer Reichsverfassung (Art. 9 Nr. 2) gibt das Grundgesetz dem Bund keine Zuständigkeit zur Regelung des allgemeinen Polizeirechts. Der Bund hat lediglich nach Art. 40 Abs. 2, Art. 73 Nr. 5, 6, 10, Art. 74 Nr. 2 GG die Zuständigkeit, für die Beamten des Ordnungsdienstes des Bundestages, des Bundeskriminalamtes und des Bundesgrenzschutzes und für die Beamten der Bahnpolizei, Strom- und Schiffahrtspolizei und der Luftpolizei formelles und materielles Polizeirecht zu setzen und hat das z. B. in dem Gesetz über den Bundesgrenzschutz[19] getan.

Dagegen liegt die Zuständigkeit zur Regelung des Polizeiorganisationsrechts, des polizeilichen Verfahrensrechts und des materiellen Polizeirechts im übrigen bei den Ländern, wie sich aus Art. 70 Abs. 1 GG ergibt. Eine einheitliche Regelung des Polizeirechts kann daher durch ein Bundesgesetz nicht erfolgen, auch wenn man der Meinung sein sollte, daß die Wahrung der Rechts- oder Wirtschaftseinheit, insbesondere die Wahrung der Einheitlichkeit der Lebensverhältnisse über das Gebiet eines Landes hinaus ein Bedürfnis nach bundeseinheitlicher Regelung hervorruft (Art. 72 Abs. 2 GG).

2. Die von dem Musterentwurf erstrebte Vereinheitlichung des materiellen Polizeirechts kann daher nur im Wege der sog. föderalistischen Gesetzgebung erfolgen. Unter ihr versteht man den Erlaß inhaltlich übereinstimmender Gesetze durch die gesetzgebenden Körperschaften des Bundes und der Länder. Der Musterentwurf eines Polizeigesetzes müßte also, wenn die gewünschte Rechtseinheit herbeigeführt werden soll, durch die gesetzgebenden Körperschaften im Bund und in den Ländern zum Inhalt der gesetzlichen Regelung gemacht werden.

Als Beispiel einer solchen föderalistischen Gesetzgebung könnten mit erheblichen Vorbehalten das Verwaltungsvollstreckungsgesetz und das Verwaltungszustellungsgesetz genannt werden[20]. Auch der Musterent-

---

[19] Bundesgrenzschutzgesetz vom 18. 8. 1972 (BGBl. I, S. 1834).

[20] Vgl. das (Bundes-)Verwaltungsvollstreckungsgesetz vom 27. 4. 1953 (BGBl. I, S. 157) und die entsprechenden Verwaltungsvollstreckungsgesetze der Länder und das (Bundes-)Verwaltungszustellungsgesetz vom 3. 7. 1952 (BGBl. I, S. 379) und die entsprechenden Verwaltungszustellungsgesetze der Länder.

wurf eines Verwaltungsverfahrensgesetzes 1963 mit einer Bundesfassung und einer Länderfassung verfolgte die Absicht, die Vereinheitlichung des Verwaltungsverfahrensrechts auf diesem Wege herbeizuführen. Aber schon die sog. Münchener Fassung des Musterentwurfs eines Verwaltungsverfahrensgesetzes (1966) hatte diesen Plan aufgegeben. Sie unterschied nicht mehr zwischen einer Bundesfassung und einer Länderfassung, sondern sah als Anwendungsbereich des Gesetzes die öffentlich-rechtliche Verwaltungstätigkeit der Behörden des Bundes (einschließlich der bundesunmittelbaren Körperschaften, Anstalten und Stiftungen des öffentlichen Rechts) und der Länder (einschließlich der Gemeinden, Gemeindeverbände, der sonstigen der Aufsicht des Landes unterstehenden juristischen Personen des öffentlichen Rechts) vor, letzterer jedoch nur, wenn sie das bei Inkrafttreten des Gesetzes bestehende Bundesrecht im Auftrage des Bundes ausführten[21]. Die Münchener Fassung sah ferner die Geltung von Teil III (Verwaltungsakt) und Teil IV (öffentlich-rechtlicher Vertrag) des Gesetzes für die öffentlich-rechtliche Verwaltungstätigkeit der Behörden der Länder vor, wenn sie das bei Inkrafttreten des Gesetzes bestehende Bundesrecht als eigene Angelegenheiten ausführten[22], und dehnte die Geltung des ganzen Gesetzes schließlich auf die öffentlich-rechtliche Verwaltungstätigkeit aller Verwaltungsbehörden der Länder aus, wenn es durch ein Gesetz des Landes für anwendbar erklärt wird[23]. Dagegen blieb die Geltung des Verwaltungsverfahrensgesetzes für die Landesbehörden bei der Ausführung von Landesgesetzen ungeregelt.

Auf diesem Weg zu einer möglichst umfassenden Geltung des Verwaltungsverfahrensgesetzes in Bund und Ländern hat der Entwurf eines Verwaltungsverfahrensgesetzes 1970[24] einen weiteren Schritt gemacht. Er hat die Beschränkung der Münchener Fassung des Musterentwurfs, soweit es sich um die Ausführung von Bundesgesetzen durch Landesbehörden als eigene Angelegenheit handelt, auf die Teile III und IV des Gesetzes beseitigt und die Geltung des Gesetzes auf diese Verwaltungstätigkeit in vollem Umfang ausgedehnt[25]. Für die Ausführung von Bundesgesetzen, die nach Inkrafttreten des Gesetzes erlassen werden, sollte dies allerdings nur gelten, soweit die Bundesgesetze mit Zustimmung des Bundesrates das Gesetz für anwendbar erklärten[26]. Was die Frage der Geltung des Gesetzes für die Landesbehörden bei der Ausführung von Landesgesetzen betrifft, so gilt das Gesetz nur, soweit es durch das

[21] § 1 Abs. 1 EVwVfG Münchener Fassung.

[22] § 1 Abs. 2.

[23] § 1 Abs. 3.

[24] Deutscher Bundestag, 6. Wahlperiode, Drucksache VI/1173.

[25] § 1 Abs. 2 Satz 1 E 1970.

[26] § 1 Abs. 2 Satz 2 E 1970.

Gesetz eines Landes für anwendbar erklärt wird[27]. Wie in der Begründung zu § 1 Abs. 3 E 1970 zutreffend gesagt wird, trifft diese Vorschrift „nur eine deklaratorische Feststellung, da die Länder auch ohne diese Bestimmung das Gesetz für anwendbar erklären können. Zweck der Vorschrift ist es, zur Rechtseinheit anzuregen und die Länder zu veranlassen, das Verwaltungsverfahrensgesetz zu übernehmen"[28]. Der Weg der föderalistischen Gesetzgebung war damit zugunsten der Übernahme des Verwaltungsverfahrensgesetzes des Bundes durch die Länder verlassen worden.

Das soeben auf der Grundlage des Entwurfs 1973[29] erlassene Verwaltungsverfahrensgesetz vom 25. Mai 1976[30] stellt einen Rückschritt auf dem mit dem Entwurf 1970 eingeschlagenen Weg dar. Nach dem durch den Vermittlungsausschuß eingefügten Abs. 3 des § 1 gilt das Gesetz auch für die Ausführung von Bundesrecht durch die Länder nicht, soweit die öffentlich-rechtliche Verwaltungstätigkeit der Behörden landesrechtlich durch ein Verwaltungsverfahrensgesetz geregelt ist. Das ist z. Z. in den Ländern Berlin und Schleswig-Holstein der Fall. Aber diese beiden Länder können ihr Verwaltungsverfahrensgesetz ändern, und jedes andere Land kann ein Verwaltungsverfahrensgesetz erlassen, ohne an das Muster des Verwaltungsverfahrensgesetzes vom 25. Mai 1976 gebunden zu sein. Die mit dem Musterentwurf eines Verwaltungsverfahrensgesetzes 1963 erstrebte föderalistische Gesetzgebung ist im Augenblick also noch Zukunftsmusik, und es läßt sich schwer ein Urteil darüber abgeben, ob das Verwaltungsverfahrensgesetz vom 25. Mai 1976 von den Ländern als das Muster akzeptiert werden wird, das es nach dem Willen des Gesetzgebers ursprünglich sein sollte.

Überzeugende Beispiele für das Funktionieren der föderalistischen Gesetzgebung in der Bundesrepublik Deutschland lassen sich daher nicht geben. Es ist deshalb eine offene Frage, ob der mit dem Musterentwurf eines Polizeigesetzes beschrittene Weg zum Erfolg führen wird.

Dabei läßt sich gegen die föderalistische Gesetzgebung der grundsätzliche Einwand vorbringen, den *Seebode*[31] wie folgt formuliert hat: „Ein von den Innenministern endgültig vereinbarter Gesetzesvorschlag wird den Parlamenten unterbreitet, und da die Vorlagen einheitliche Gesetze bezwecken, müssen sie, um ihren Sinn nicht zu verlieren, wenigstens im wesentlichen jeweils unverändert verabschiedet werden. Damit verkümmert zwar die parlamentarische Gesetzgebung auf einem so bedeutenden Gebiet wie dem des Polizeirechts in bedenklicher Weise zum formellen

[27] § 1 Abs. 3 E 1970.

[28] a.a.O., S. 29.

[29] Deutscher Bundestag, 7. Wahlperiode, Drucksache 7/910.

[30] BGBl. I, S. 1253.

[31] a.a.O., S. 537.

Akt; die Landtage geraten in die Rolle von Notaren der Innenminister." Würde in einem Bereich der föderalistischen Gesetzgebung ein Bundesgesetz ergehen — wie das Verwaltungsverfahrensgesetz vom 25. Mai 1976 —, so hätte wenigstens dieses eine demokratische Legitimation. Not leiden würde aber in diesem Fall der Föderalismus, wenn die Länder um der Einheitlichkeit der Gesetzgebung willen vorbehaltlos dem Bundesgesetz folgen müßten. Man muß sich fragen, ob in einem solchen Fall die Zuweisung der Gesetzgebungskompetenz an den Bund durch eine Änderung des Grundgesetzes nicht die sachgemäßere Lösung darstellen würde.

3. Ein Mangel des Musterentwurfs eines Polizeigesetzes ist das Fehlen einer Vorschrift, daß nicht nur die Vorschriften entsprechender Bundespolizeigesetze, sondern auch die Vorschriften einheitlicher Landespolizeigesetze revisibel sein sollen.

Das Verwaltungsverfahrensgesetz vom 25. Mai 1976 hat den § 137 VwGO dahin geändert, daß die Revision nicht nur auf die Verletzung von Bundesrecht, sondern auch darauf gestützt werden kann, daß das angefochtene Urteil auf der Verletzung einer Vorschrift des Verwaltungsverfahrensgesetzes eines Landes beruht, die ihrem Wortlaut nach mit dem Verwaltungsverfahrensgesetz des Bundes übereinstimmt. Damit ist alles wörtlich übereinstimmende Verwaltungsverfahrensrecht der Länder durch Bundesgesetz revisibel gemacht worden. Für eine solche Regelung ist der Bund, wie durch die Entscheidung des Bundesverfassungsgerichts vom 2. Oktober 1960[32] klargestellt worden ist, nach Art. 74 Nr. 1 GG zuständig[33].

Eine ähnliche Vorschrift könnte auch in die Polizeigesetze der Länder aufgenommen werden. Da die Länder nach Art. 99 GG den obersten Bundesgerichten für den letzten Rechtszug die Entscheidung in solchen Sachen zuweisen können, bei denen es sich um die Anwendung von Landesrecht handelt, besteht an der Kompetenz der Länder für eine solche Regelung kein Zweifel.

Fehlt eine solche Vorschrift, so sind die Polizeigesetze der Länder trotz wörtlicher Übereinstimmung untereinander und mit einem entsprechenden Polizeigesetz des Bundes nicht revisibel. Das ergibt sich aus der Qualität der Polizeigesetze als Landesrecht und ist in der Rechtsprechung des Bundesverwaltungsgerichts[34] anerkannt.

Wacke[35] hat zwar den Versuch gemacht, die Revisibilität des Landespolizeirechts mit der Behauptung zu begründen, daß das Polizeirecht

[32] E Bd. 10, S. 285 ff.

[33] Vgl. zu dieser Frage *Ule*, Zur Revisibilität des Verwaltungsverfahrensrechts, in: Verfassung, Verwaltung, Finanzen, Festschrift für Gerhard Wacke, 1972, S. 277 ff., 288.

[34] Vgl. *Ule*, a.a.O., S. 277.

„inhaltgleiches Bundes- wie Landesrecht" und damit „zweistufiges Recht" sei. Seine Lehre von der Revisibilität des Polizeirechts als zweistufigen Rechts hat jedoch in der Rechtslehre und in der Rechtsprechung keine Anerkennung gefunden. Inhaltlich übereinstimmende Landesgesetze sind kein Bundesrecht im Sinne des § 137 Abs. 1 Nr. 1 VwGO. Der Umstand, daß diese inhaltlich übereinstimmenden Landesgesetze zugleich mit dem Inhalt eines Bundesgesetzes übereinstimmen, bedeutet nicht, daß in dem zur Entscheidung stehenden Fall zugleich dieses Bundesgesetz angewandt worden ist, so daß dieses Gesetz als Bundesrecht durch das angefochtene Urteil verletzt sein kann[36].

Jedoch liegt in der Lehre *Wackes* trotz der dogmatischen Bedenken, die gegen sie sprechen, ein rechtspolitisches Argument für die Revisibilität übereinstimmender Landespolizeigesetze, dem durch die Landesgesetzgeber bei der Übernahme des Musterentwurfs eines Polizeigesetzes Rechnung getragen werden sollte.

IV. Gründe für ein einheitliches Polizeirecht

1. *Wackes* These vom Polizeirecht als zweistufigem Recht geht nämlich von der unbestreitbaren Tatsache aus, daß die Begriffe des Polizeirechts „sowohl Begriffe des Bundesrechts wie gleichzeitig auch Begriffe des Landesrechts sind"[37]. Auch die Begründung zu dem Musterentwurf eines einheitlichen Polizeigesetzes spricht von den „inhaltlich schon weitgehend übereinstimmenden Vorschriften in Bund und Ländern"[38].

Diese Feststellung muß zu der Frage führen, ob denn die Entscheidung des Grundgesetzes für die Gesetzgebungszuständigkeit der Länder im Bereich des allgemeinen Polizeirechts — soweit es nicht um die in der ausschließlichen Gesetzgebungskompetenz des Bundes liegende Regelung der Organisation, der Aufgabe und der Befugnisse bundespolizeilicher Einrichtungen geht — wirklich eine sachgemäße Entscheidung darstellt.

Es mag sein, daß die Fragen der Polizeiorganisation — wozu auch die Unterscheidung und Gliederung in Ordnungsbehörden und Polizeibehörden gehört — zu dem unantastbaren Zuständigkeitsbereich der Länder gehören. Aufgaben und Befugnisse der Polizei werden dagegen weitgehend durch das Grundgesetz, insbesondere durch die Grundrechte, die Einschränkungen der polizeilichen Befugnisse enthalten, bestimmt.

[35] Polizeirecht als Bundesrecht, in: Staatsbürger und Staatsgewalt, Bd. II, 1963, S. 161 ff.

[36] *Ule*, a.a.O., S. 279.

[37] *Wacke*, a.a.O., S. 191.

[38] a.a.O., S. 6.

Unter diesen Umständen wäre die in Art. 72 Abs. 2 GG aufgeworfene Frage, ob ein Bedürfnis nach bundesgesetzlicher Regelung besteht, wohl zu bejahen, wenn das Polizeirecht, wie unter der Weimarer Reichsverfassung (Art. 9 Nr. 2) zum Bereich der konkurrierenden Gesetzgebung gehörte. Es läßt sich durchaus die Ansicht vertreten, daß die Wahrung der Rechtseinheit, insbesondere die Wahrung der Einheitlichkeit der Lebensverhältnisse über das Gebiet eines Landes hinaus die bundesgesetzliche Regelung erfordert.

Der mit dem Musterentwurf eines einheitlichen Polizeigesetzes gemachte Versuch einer föderalistischen Gesetzgebung bestätigt diese Annahme. Auch der 1953 gemachte Vorschlag, durch ein Modellgesetz für die öffentliche Sicherheit und Ordnung eine einheitliche Regelung des Polizeirechts im Bund und in den Ländern herbeizuführen, bestätigt, daß schon damals die Notwendigkeit einer solchen Regelung erkannt worden ist. Im Grunde genommen geht es darum, den Fehler des Grundgesetzes, der das allgemeine Polizeirecht in die ausschließliche Zuständigkeit des Bundes (für die polizeilichen Einrichtungen des Bundes) und der Länder (für die polizeilichen Einrichtungen der Länder) verwiesen hat, zu korrigieren.

Das ist eine ganz ähnliche Situation wie im Verwaltungsverfahrensrecht, für das dem Bund auch eine allgemeine Zuständigkeit zur Regelung des Verwaltungsverfahrensrechts bei der Ausführung von Bundesgesetzen durch die Länder als eigene Angelegenheit und von Landesgesetzen durch Landesbehörden fehlt. Der Versuch, dem Bundesgesetzgeber eine entsprechende Änderung des Grundgesetzes zu empfehlen, ist auf dem 43. Deutschen Juristentag in München 1960 mit 40 : 38 Stimmen gescheitert, was, wie *Hans Schrödter* damals in seinem Bericht über diesen Juristentag geschrieben hat[39], weil auf bayerischem Boden, fast einer Annahme des Vorschlages gleichkam.

Der Musterentwurf eines Verwaltungsverfahrensgesetzes 1963 mußte deshalb den Weg der föderalistischen Gesetzgebung gehen, dem der Bundesgesetzgeber mit den Entwürfen 1970 und 1973 allerdings nicht gefolgt ist. Das Dilemma, vor dem der Bundesgesetzgeber stand, ist durch den auf Vorschlag des Vermittlungsausschusses[40] eingefügten Abs. 3 des § 1 VwVfG deutlich sichtbar geworden. Von irgendeiner Bindung der Länder beim Erlaß ihrer Verwaltungsverfahrensgesetze ist keine Rede mehr. *Obermayer* hat deshalb im Hinblick auf das Verwaltungsverfahrensgesetz seinem Unbehagen Ausdruck verliehen, daß es wegen der bestehenden föderalistischen Hürden nicht möglich erscheine, auf dem Wege der Verfassungsänderung dem Bund die Kompetenz für die Rege-

[39] DVBl. 1960, S. 848 ff., 850.

[40] Deutscher Bundestag, 7. Wahlperiode, Drucksache 7/4908.

lung des Verwaltungsverfahrens zuzuerkennen[41]. Daß diese Hürden beim allgemeinen Polizeirecht als unüberwindlich angesehen werden müssen, lassen die von *Knemeyer*[42] in seiner Abhandlung „Deutsches Polizeirecht" gemachten Vorbehalte erkennen, auf die in anderem Zusammenhang noch zurückzukommen sein wird.

2. Die in den §§ 9 bis 24 geregelten Besonderen Befugnisse der Polizei und das in den §§ 41 bis 44 geregelte Recht der Polizei zum Schußwaffengebrauch werden in ihrem Inhalt und Umfang durch die Grundrechte bestimmt[43]. So dürfen Maßnahmen der Polizei wie das Festhalten bei der Identitätsfeststellung (§ 9 Abs. 2), die zwangsweise Durchsetzung einer Vorladung (§ 11 Abs. 3), die Platzverweisung (§ 12), die Durchsuchung einer Person (§ 17) und der Gewahrsam (§ 13) nur innerhalb der gesetzlichen Schranken erfolgen, die das Grundrecht auf Freiheit der Person (Art. 2 Abs. 2 GG) zuläßt. Bei der Durchsuchung von Wohnungen (§§ 19, 20) ist der Gesetzgeber an Art. 13 GG gebunden. Für die Freiheit der Person gilt darüber hinaus Art. 104 GG, der Einschränkungen nur auf Grund eines förmlichen Gesetzes und unter Beachtung der darin vorgeschriebenen Formen vorschreibt (Art. 104 Abs. 1) und die Entscheidung über die Zulässigkeit und Fortdauer einer Freiheitsentziehung in die Hand des Richters legt (Art. 104 Abs. 2). Deshalb enthält der Entwurf (in den §§ 14 bis 16) eingehende Vorschriften über die Herbeiführung der richterlichen Entscheidung, über die Behandlung festgehaltener Personen und über die Dauer der Freiheitsentziehung. Diese Fragen sind im geltenden Recht durchaus nicht einheitlich geregelt, so daß eine Vereinheitlichung besonders angebracht erscheint. So darf z. B. im Bund (§ 18 BGSG), in Niedersachsen (§ 4 SOG) und in Schleswig-Holstein (§ 177 LVG) Zwang zur Durchsetzung der Vorladung nicht angewendet werden. Baden-Württemberg (§ 21 Abs. 3 PG) und Bayern (Art. 15 PAG) lassen die Vorführung nur zu, wenn hierfür eine besondere gesetzliche Grundlage besteht. In Berlin (§ 17 PVG) und im Saarland (§ 17 PVG) wird die Vorführung in Übereinstimmung mit § 17 prPVG nur zugelassen, wenn die Maßnahme der Aufklärung eines Verbrechens oder Vergehens dient. Nordrhein-Westfalen (§ 24 PG) und Rheinland-Pfalz (§ 5 PVG) sehen eine Vorführung nur zur Durchführung erkennungsdienstlicher Maßnahmen vor. Die neueste Polizeigesetzgebung hat an diesem Zustand nichts Entscheidendes geändert.

Zwar hat das Allgemeine Gesetz zum Schutz der öffentlichen Sicherheit und Ordnung in Berlin (Allgemeines Sicherheits- und Ordnungsge-

---

[41] Verwaltungsverfahrensgesetz, 1976, Einführung, S. 35.

[42] DÖV 1975, S. 34 ff.

[43] Ob diese Vorschriften z. B. die durch die Strafprozeßordnung gezogenen Grenzen überschreiten, kann hier nicht geprüft werden; vgl. dazu *Seebode*, a.a.O., S. 537 ff.

setz — ASOG Bln.) vom 11. Februar 1975[44] die Vorschriften des Musterentwurfs übernommen, aber das Baden-Württembergische Gesetz zur Änderung des Polizeigesetzes vom 3. März 1976[45], das die Bestimmungen des Polizeigesetzes über Personenfeststellung, Durchsuchung von Personen und Durchsuchung von Sachen neu gefaßt hat, weicht doch erheblich von den Vorschriften des Musterentwurfs ab. So ist z. B. die Feststellung der Identität einer Person (§ 20 PG BW) auch noch unter zwei anderen Voraussetzungen (§ 20 Abs. 1 Nr. 5 und 6 PG BW) zulässig als nach den entsprechenden Vorschriften des Musterentwurfs (§ 9 Abs. 1). Ebenso ist die Durchsuchung von Personen, deren Identität (gemäß § 20) festgestellt werden soll, nach Waffen, anderen gefährlichen Werkzeugen und Sprengstoffen zulässig, wenn dies nach den Umständen zum Schutz des Polizeibeamten oder eines Dritten gegen eine Gefahr für Leib oder Leben erforderlich erscheint (§ 23 Abs. 2 PG BW). Eine solche Vorschrift enthält der Musterentwurf eines Polizeigesetzes nicht.

Auch der Waffengebrauch der Polizei wird durch Art. 2 Abs. 2 GG — Recht auf Leben und körperliche Unversehrtheit — bestimmt. Der nach Art. 2 Abs. 2 Satz 3 GG zulässige Eingriff in diese Rechte darf sie in ihrem Wesensgehalt nicht verletzen (Art. 19 Abs. 2 GG). Das in diesen Zusammenhang gehörende Problem des sog. Todesschusses ist das überzeugendste Argument für die Notwendigkeit, den Schußwaffengebrauch der Polizei im ganzen Bundesgebiet einheitlich zu regeln. Es würde eine für das Rechtsbewußtsein der Bevölkerung und der Polizeibeamten unerträgliche Lage sein, wenn diese Frage im Bund (für den Bundesgrenzschutz) und in den einzelnen Ländern (für die Beamten des Polizeivollzugsdienstes) verschieden geregelt würde. Diese Frage schreit geradezu nach einer einheitlichen Regelung. Im Grunde genommen gilt das aber nicht nur für das Sonderproblem des sog. Todesschusses, sondern auch für den Schußwaffengebrauch überhaupt. Die Voraussetzungen für den Schußwaffengebrauch durch Polizeibeamte können nicht in Bayern oder in Schleswig-Holstein andere sein als im übrigen Deutschland. Einschränkungen des Grundrechts auf Leben und körperliche Unversehrtheit durch Polizeigesetze oder durch Gesetze über den unmittelbaren Zwang haben in allen Ländern dieselben verfassungsrechtlichen — durch das Grundgesetz gezogenen — Schranken einzuhalten. Deshalb spricht die verfassungsrechtliche Bindung der Gesetzgeber im Bund und in den Ländern entscheidend für eine einheitliche Ausübung der Gesetzgebungskompetenz.

Ein länderweise unterschiedlicher Verfassungsvollzug mag in anderen Bereichen, z. B. im Bereich des Verwaltungsverfahrensrechts, erträglich sein. Auch für das Verwaltungsverfahrensrecht ergeben sich aus ver-

[44] GVBl., S. 688.
[45] GBl., S. 228.

fassungsrechtlichen Grundsätzen, insbesondere aus dem Grundsatz der Gesetzmäßigkeit der Verwaltung, Bindungen für den Gesetzgeber, die, z. B. beim Recht auf Gehör und beim Begründungszwang, zu inhaltlich übereinstimmenden Vorschriften führen müssen. Aber beim Verwaltungsverfahrensrecht kann die verfassungsmäßig gebotene Einheitlichkeit notfalls durch die Rechtsprechung der Verwaltungsgerichte, insbesondere des Bundesverwaltungsgerichts, gewahrt werden. Beim Schußwaffengebrauch der Polizei handelt es sich um Fragen von solcher Bedeutung für das Leben und die körperliche Unversehrtheit aller Bürger, daß ihre gesetzliche Lösung nicht erst nachträglich durch verwaltungsgerichtliche Entscheidungen richtiggestellt werden kann. Hier muß die richtige Entscheidung bereits im Gesetzgebungsverfahren sichergestellt sein. Richtig kann aber nur eine einzige Entscheidung sein.

3. Für einheitliche Gesetzgebung in Bund und Ländern sprechen außer diesen grundsätzlichen verfassungsrechtlichen Erwägungen aber auch Praktikabilitätsgründe.

Das Grundgesetz sieht in Art. 35 Abs. 2 Satz 1 GG vor, daß ein Land zur Aufrechterhaltung oder Wiederherstellung der öffentlichen Sicherheit oder Ordnung in Fällen von besonderer Bedeutung Kräfte und Einrichtungen des Bundesgrenzschutzes zur Unterstützung seiner Polizei anfordern kann, wenn die Polizei ohne diese Unterstützung eine Aufgabe nicht oder nur unter erheblichen Schwierigkeiten erfüllen könnte. Ferner sieht Art. 35 Abs. 2 Satz 2 GG vor, daß ein Land zur Hilfe bei einer Naturkatastrophe oder bei einem besonders schweren Unglücksfall — man denke an die Flutkatastrophe in Hamburg oder an ausgedehnte Waldbrände — Polizeikräfte anderer Länder und des Bundesgrenzschutzes anfordern kann. Nach Art. 35 Satz 3 Abs. 1 GG kann die Bundesregierung, wenn die Naturkatastrophe oder der Unglücksfall das Gebiet mehr als eines Landes gefährdet, soweit es zur wirksamen Bekämpfung erforderlich ist, den Landesregierungen die Weisung erteilen, Polizeikräfte anderen Ländern zur Verfügung zu stellen, sowie Einheiten des Bundesgrenzschutzes zur Unterstützung der Streitkräfte einsetzen. Auch zur Abwehr einer drohenden Gefahr für den Bestand oder die freiheitliche demokratische Grundordnung des Bundes oder eines Landes kann ein Land nach Art. 91 Abs. 1 GG Polizeikräfte anderer Länder und des Bundesgrenzschutzes anfordern. Ist das Land, in dem die Gefahr droht, nicht selbst zur Bekämpfung der Gefahr bereit oder in der Lage, so kann die Bundesregierung nach Art. 91 Abs. 2 Satz 1 GG die Polizei in diesem Land und die Polizeikräfte anderer Länder ihren Weisungen unterstellen sowie Einheiten des Bundesgrenzschutzes einsetzen.

In allen diesen Fällen wirken Polizeikräfte des Bundes und eines Landes oder verschiedener Länder zusammen. Da die Maßnahmen zur Bekämpfung der Gefahren für die öffentliche Sicherheit und Ordnung, zur Bekämpfung der Naturkatastrophen oder eines besonders schweren Unglücksfalles oder zur Abwehr einer drohenden Gefahr für den Bestand oder die freiheitliche demokratische Grundordnung des Bundes oder eines Landes einheitlich geleitet werden müssen, unterstehen die Polizeikräfte des Bundes oder eines Landes dem Land, zu dessen Unterstützung sie angefordert worden sind (Art. 35 Abs. 2 und 3, Art. 91 Abs. 1 GG), im Falle des Art. 91 Abs. 2 Satz 1 GG der Bundesregierung. Nach § 52 Abs. 2 des Musterentwurfs haben sie die gleichen Befugnisse wie die Polizeibeamten dieses Landes. Ihre Maßnahmen gelten als Maßnahmen derjenigen Polizeibehörden, in deren örtlichem und sachlichem Zuständigkeitsbereich sie tätig geworden sind. Diese Regelung gilt nach § 52 Abs. 3 Satz 2 auch für Polizeikräfte des Bundes. Die „fremden" Polizeibeamten (anderer Länder und des Bundes) haben also das materielle Polizeirecht anzuwenden, das in dem anfordernden Land gilt. Die Unterschiede des materiellen Polizeirechts im Bund und in den beteiligten Ländern, insbesondere beim Schußwaffengebrauch, müssen sich also höchst nachteilig auswirken, weil die angeforderten Polizeikräfte des Bundesgrenzschutzes und eines anderen Landes erst in das Polizeirecht des anfordernden Landes eingewiesen werden müssen. Dazu wird bei einer Naturkatastrophe oder bei einem besonders schweren Unglücksfall, aber auch bei einer drohenden Gefahr für den Bestand oder die freiheitliche demokratische Grundordnung des Bundes oder eines Landes kaum noch Zeit sein.

Aus diesem Grunde muß das materielle Polizeirecht im Bund und in den Ländern zumindest *inhaltlich* übereinstimmen. Es muß aber möglichst auch *wörtlich* übereinstimmen, weil von Polizeivollzugsbeamten nicht erwartet werden kann, daß sie die inhaltliche Bedeutungslosigkeit verschiedener Fassungen einer und derselben Gesetzesvorschrift sofort erkennen. Mit Recht liegt die Begründung zum Entwurf eines einheitlichen Polizeigesetzes[46] deshalb Wert darauf, daß die einzelnen Vorschriften *nach Inhalt und Wortlaut* übereinstimmen, auch wenn sie in verschiedenen Gesetzen (Polizeigesetz, Gesetz über den unmittelbaren Zwang) enthalten sind.

4. Wieweit der Entwurf eines einheitlichen Polizeigesetzes in seiner gegenwärtigen Fassung Aussicht hat, im Bund und in den Ländern Gesetz zu werden, läßt sich schwer beurteilen. Eine Stimme aus Bayern, die ich schon in anderem Zusammenhang angeführt habe (*Knemeyer*), hat Bedenken vor allem gegen die in § 8 enthaltene polizeiliche Generalklausel geäußert, weil sie auch Gefahren für die öffentliche Ordnung zur Aufgabe der Polizei erklärt. Diese Bestimmung, so meint *Knemeyer*[47],

[46] a.a.O., S. 6.

[47] a.a.O., S. 36.

„dürfte ... das größte Hindernis auf dem Weg zu einem einheitlichen deutschen Polizeirecht darstellen". Es liegt nahe, in diesem Zusammenhang an die Erörterungen auf dem 25. Staatswissenschaftlichen Fortbildungskursus dieser Hochschule über Öffentliche Sicherheit und Ordnung zu erinnern, der vom 25. bis zum 27. September 1957 hier in Speyer stattgefunden hat[48]. Damals referierten *Fritz Werner*[49] und *Georg Berner*[50] über die Wandlung des Polizeibegriffs, wobei *Werner* bemerkenswerterweise das Thema als eine Frage verstand. *Werner* trat mit Nachdruck für die Beibehaltung der polizeilichen Generalklausel („Sicherheit und Ordnung") ein, während *Berner* im Sinne der bayerischen Polizeigesetzgebung eine solche Generalklausel ablehnte und den Standpunkt vertrat, daß „an die Stelle der schwer zu umreißenden Begriffe von Sicherheit und Ordnung ein Katalog der Eingriffsmöglichkeiten treten" müsse[51].

An dieser Ablehnung der polizeilichen Generalklausel durch die bayerische Polizeigesetzgebung hat sich in den inzwischen vergangenen zwanzig Jahren nichts geändert. Trotz ausgiebiger Diskussionen in den 50er Jahren, bei denen die bayerischen Vertreter mit ihrer Auffassung, die Generalklausel preußischer Prägung entspreche nicht den Anforderungen unserer rechtsstaatlichen Ordnung, im wesentlichen allein geblieben sind; trotz einer Reihe von Urteilen (des Bundesverfassungsgerichts, des Bundesverwaltungsgerichts und des Bundesgerichtshofs), die von der Rechtsgültigkeit einer solchen Generalklausel ausgehen; trotz Einführung einer nur partiellen und konkreten Generalklausel in das bayerische Polizeirecht und das bayerische Sicherheitsrecht und trotz einer weitgehenden Auszehrung der Generalklausel durch fortschreitende sondergesetzliche Regelung polizeilicher Eingriffsmaßnahmen dürfte der bayerische Landtag nach der Meinung *Knemeyers* auch bei einer Beratung des Musterentwurfs eines einheitlichen Polizeigesetzes seinen Standpunkt aus dem Jahre 1954 nicht so bald aufgeben. Er hat damals die Auffassung vertreten, daß die Generalklausel preußischer Prägung, die in ihrer Allgemeinheit Eingang in den Musterentwurf gefunden hat, rechtsstaatlichen Anforderungen nicht entspreche. Der Landtag ging mit der Rechtsprechung des Bayerischen Verfassungsgerichtshofes und des Bayerischen Verwaltungsgerichtshofes davon aus, daß „eine Generalklausel nach Art des § 14 prPVG unvereinbar sei mit der heutigen Auffassung von Rechtsstaat und Gesetzmäßigkeit der Verwaltung"[52].

Ein so maßgeblicher bayerischer Polizeirechtlicher wie *Samper* hat diese Auffassung noch im Jahre 1974[53] bestätigt und durch den Hinweis,

---

[48] Vgl. den Bericht von *Tietgen*, Öffentliche Sicherheit und Ordnung, DVBl. 1957, S. 781 ff. und *Ule*, Öffentliche Sicherheit und Ordnung, DVBl. 1957, S. 805.

[49] Wandlung des Polizeibegriffs?, DVBl. 1957, S. 806 ff.

[50] *Berner*, Wandlungen des Polizeibegriffs seit 1945, DVBl. 1957, S. 810 ff.

[51] *Tietgen*, a.a.O., S. 781.

[52] Vgl. *Knemeyer*, a.a.O., S. 36, Anm. 30.

daß sich seit den Erörterungen der 50er Jahre an den bayerischen Argumenten gegen die Generalklausel nichts geändert habe, bekräftigt.

Der Musterentwurf[54] hat sich mit dieser Problematik nicht näher auseinandergesetzt. Er hält den Begriff der öffentlichen Ordnung trotz seiner unbestreitbaren Problematik im Bereich des Polizeirechts für unentbehrlich. Zutreffend bemerkt er, daß der Begriff der öffentlichen Ordnung den Druck auf den Gesetzgeber vermindere, immer wieder neue Tatbestände als verboten zu normieren.

Auch in diesem Zusammenhang kann auf die Auseinandersetzung um die polizeiliche Generalklausel nicht näher eingegangen werden. Das Thema des 25. Staatswissenschaftlichen Fortbildungskursus in Speyer soll hier nicht wieder aufgegriffen werden.

Der aus Bayern zu erwartende Widerstand gegen die polizeiliche Generalklausel in den §§ 1 und 8 des Musterentwurfs eines einheitlichen Polizeigesetzes gibt aber Anlaß, folgende Fragen zur Diskussion zu stellen:

1. Empfiehlt es sich, dem Bund die konkurrierende Gesetzgebungszuständigkeit auf dem Gebiet des allgemeinen Polizeirechts einzuräumen und damit die föderalistischen Hürden zu überspringen, die einer einheitlichen Regelung des allgemeinen Polizeirechts entgegenstehen?

Sollte dieser Weg, wie anzunehmen ist, nicht gangbar sein:

2. Empfiehlt es sich, den Entwurf von den Vorschriften im Ersten Abschnitt („Aufgaben und allgemeine Vorschriften") und von der Vorschrift des § 8 (Allgemeine Befugnisse) zu befreien und ihn auf die Regelung der Besonderen Befugnisse (§§ 9 bis 24) und des Vierten Abschnitts über den polizeilichen Zwang (§§ 28 bis 34 Erzwingung von Handlungen, Duldungen und Unterlassungen, §§ 35 bis 44 Ausübung unmittelbaren Zwanges) zu beschränken? Die Vorschriften des Dritten Abschnitts über Vollzugshilfe (§§ 25 bis 27) brauchten dabei nicht auf der Strecke zu bleiben. Auch auf die Vorschriften des Fünften Abschnitts über Schadensausgleich, Erstattungs- und Ersatzansprüche (§§ 45 bis 51) sollte nicht verzichtet werden, zumal sie in einem engen sachlichen Zusammenhang mit der Ausübung unmittelbaren Zwanges stehen.

In erster Linie wäre wieder zu empfehlen, dem Bund jedenfalls die konkurrierende Gesetzgebungszuständigkeit für das Polizeirecht einzuräumen, soweit es um die Besonderen Befugnisse der Polizei und den polizeilichen Zwang, insbesondere den Schußwaffengebrauch, sowie um den Schadensausgleich geht.

In zweiter Linie müßte sich der Musterentwurf eines einheitlichen Polizeigesetzes auf diese Bereiche beschränken, um sicherzustellen, daß

---

[53] Abschied vom Spezialermächtigungsprinzip?, BayVBl. 1974, S. 545 ff., 547.
[54] Begründung, a.a.O., S. 8.

die Länder die Vorschriften des Musterentwurfs übernehmen. Es ist zu erwarten, daß dazu eine größere Bereitschaft besteht, wenn die im Musterentwurf geregelten Fragen auf einen verhältnismäßig engen Bereich beschränkt werden und die Notwendigkeit der einheitlichen Regelung gerade dieses Bereiches keinem Zweifel unterliegen kann.

Mit dieser Einschränkung würde ich die mir gestellte Frage nach der Notwendigkeit und Durchsetzbarkeit einheitlicher Polizeigesetze bejahen.

Aussprache zu den Referaten von Alois Schreiner und Carl Hermann Ule

In der anschließenden Diskussion trat Regierungsdirektor Dr. *Busch*, Kiel, dafür ein, der Öffentlichkeit durch psychologische Aufklärung stärker die Notwendigkeit polizeilicher Kontrollen beizubringen, die der Staat als einen Dienst an der Sicherheit dem Bürger schulde, obwohl damit für den einzelnen Unannehmlichkeiten verbunden seien. Staatssekretär *Schreiner* gab zu, daß entsprechende Möglichkeiten nicht immer ausgenützt würden und wies darauf hin, daß Kontrollen bei rechtzeitiger Ankündigung durchaus auf Verständnis der Bürger stießen; eine stärkere Aufklärungsarbeit würde auch dem neuen Polizeirecht zugutekommen. Der Referent widersprach sodann der Auffassung, daß durch die Erarbeitung von Musterentwürfen die Parlamente zu Notaren der Innenminister würden, da dieser Weg nur in wenigen Fällen beschritten werde. Über die Aussichten des Musterentwurfs äußerte er sich optimistisch. Einwendungen, so berichtete er, richteten sich hauptsächlich gegen den tödlichen Schuß und gegen den Einsatz bestimmter Polizeiwaffen wie Maschinenpistolen, Maschinengewehre und Handgranaten. Sollten die Bundesländer allerdings nicht in der Lage sein, dieses wichtige Gesetz zu verabschieden, so würde dies dem Föderalismus großen Schaden zufügen. Skeptisch beurteilte Staatssekretär *Schreiner* die Aussichten des Vorschlags von Prof. *Ule*, dem Bund die konkurrierende Gesetzgebung auf dem Gebiet des Polizeirechts einzuräumen, um eine einheitliche Gesetzgebung auf diesem Gebiet zu erreichen; die Aushöhlung der Länderzuständigkeiten durch die Bundesgesetzgebung sei in den letzten Jahren so weit fortgeschritten, daß die Länder sich einer Ausdehnung der Bundeskompetenz versperren würden. Prof. *Merten* gab zu erwägen, nach dem Beispiel des Art. 74 Nr. 4a zu verfahren und dem Bund statt einer Gesamtkompetenz zunächst die konkurrierende Gesetzgebungsbefugnis für das Schußwaffengebrauchsrecht einzuräumen, was sich insbesondere dann als erforderlich erweisen würde, falls die Länder nicht willens wären, den Musterentwurf als Landesgesetz zu verabschieden. Prof. *Ule* räumte ein, daß mit einer Vollkompetenz des Bundes für das materielle Polizeirecht nicht zu rechnen sei, daß aber eine Kompetenz für das Recht des unmittelbaren Zwanges oder des Waffengebrauchs in Betracht käme. Angesichts der Übereinstimmung des materiellen Polizeirechts des Bundes und der Länder sowie der Länder untereinander könne, so meinte *Ule*, die Einräumung der Bundeskompetenz nicht als Aushöhlung der Länderbefugnisse verstanden werden. Von gewissen unbedeutenden Unebenheiten abgesehen, bestehe, insbesondere was die Regelung der §§ 1 - 7 des Musterentwurfs angehe, ein allgemeines deutsches Polizeirecht seit Jahrzehnten, das sich von Grundgesetzes wegen und aus der Natur der Sache heraus entwickelt habe. Insbesondere der Waffengebrauch, fuhr *Ule* fort, gebiete eine einheitliche Regelung. Dem stimmte Regierungsrat Dr. *Scheffler*, Karlsruhe, zu, der jedoch die Notwendigkeit einer weitergehenden Kompetenzübertragung bezweifelte und gemeinsame Empfehlungen für ausreichend hielt.

Nach Ansicht von Dr. *Rasch*, Kassel, erschwert der Titel des Musterentwurfs das Gesamtvorhaben, da es sich gar nicht um ein einheitliches Polizeigesetz, sondern nur um die Vereinheitlichung bestimmter polizeirechtlicher Normen handele. Er sprach sich dafür aus, aus dem Musterentwurf die Vorschriften über die Anwendung unmittelbaren Zwanges herauszunehmen, weil sich andernfalls Abgrenzungsschwierigkeiten zu den Verwaltungsvollstreckungsgesetzen ergäben und unklar sein könne, welche Behörde welches Gesetz anzuwenden habe. Polizeihauptkommissar *Bernhardt*, Frankfurt, stimmte diesen Ausführungen hinsichtlich des Zwangsgeldes zu, widersprach jedoch bezüglich der Ersatzvornahme, die im Sinne der unmittelbaren Ausführung oder des Vollzugs auch im Bereich der Vollzugspolizei oft anzuwenden sei. In diesem Zusammenhang führte Regierungsdirektor Dr. *Busch*, Kiel, die Übernahme der Bestimmungen des Bundesgesetzes über den unmittelbaren Zwang als Beispiel einer geglückten föderalistischen Gesetzgebung an, so daß ein Verlust der Rechtseinheit für den Bereich des Schußwaffengebrauchsrechts in Zukunft nicht zu befürchten sei. Hieran anknüpfend wies Staatssekretär *Schreiner* darauf hin, daß gerade bei den Beratungen der Gesetze über die Anwendung unmittelbaren Zwanges unterschiedliche Ansichten der Länder über die Bewaffnung der Polizei zutage getreten seien und der Streit darüber bis heute andauere. Er hob sodann nochmals den Anlaß für die Ausarbeitung des Musterentwurfs hervor: Grund hierfür seien nicht die soeben diskutierten Vorschriften, sondern Terrorismus und Geiselnahmen gewesen; bei der Gefahrenabwehr, insbesondere bei der Frage, ob die Polizei den Angreifer töten dürfe, habe man sich mit den Vorschriften über Notwehr und Nothilfe geholfen; die Innenministerkonferenz sei jedoch für klare Rechtsvorschriften, insbesondere über den tödlichen Schuß und für ein einheitliches Polizeirecht eingetreten, damit die Polizeibeamten bei einem Einsatz in anderen Bundesländern sich nicht erst mit dem jeweiligen Landesrecht vertraut machen müßten; da der Bund in diesen Fragen keine Initiative ergriffen habe, hätten die Innenminister die Materie durch Kompromisse geregelt, über die in den Ländern diskutiert werden müsse, von denen man wahrscheinlich aber nicht abgehen werde. Staatssekretär *Schreiner* räumte sodann Diskrepanzen in den Auffassungen der Innenminister ein: So sei ein Bundesland für die freie Entscheidung des Polizeibeamten über die Abgabe eines tödlichen Schusses eingetreten und ein anderes sei auch jetzt noch der Meinung, daß in seinem Bereich Maschinenpistolen und Maschinengewehre nicht eingesetzt werden dürften; Extremsituationen müßten dann jedoch von dem betreffenden Bundesland selbst oder unter Zuhilfenahme der Bundeswehr oder des Bundesgrenzschutzes bewältigt werden. Aufgabe des Musterentwurfs sei nicht zuletzt die rechtliche Absicherung der Polizeibeamten, die in Sondereinheiten zur Bekämpfung des Terrorismus und der Geiselnahme zusammengefaßt seien.

Leitender Ministerialrat Dr. *Roemheld,* Hannover, legte dar, daß die rechtliche Zersplitterung auf dem Gebiet der Anwendung unmittelbaren Zwanges unerträglich sei. In Niedersachsen gelte eine aus dem Jahre 1951 stammende Verordnung, die im Hinblick auf die Rechtsprechung des Bundesgerichtshofs in Strafsachen teilweise nicht mehr anwendbar sei. Der Diskussionsredner sprach sich gegen den Vorschlag einheitlicher Empfehlungen aus, die zum psychologischen Hindernis bei Polizeieinsätzen werden könnten. Dem Polizeibeamten müsse ein einheitliches Polizeirecht an die Hand gegeben werden, das er ungeachtet des jeweiligen Einsatzortes anwenden könne. Prof. *Ule* ging sodann nochmals auf die Problematik der föderalistischen Gesetzgebung ein. Er hob die Gefahr unterschiedlicher Entscheidungen der Landtage hervor, von denen einige möglicherweise bundesfreundlicher als andere seien. Der Berliner Gesetzgeber, so führte *Ule* als Beispiel an, habe sich bei der Neufassung bestimmter Vorschriften des Polizeigesetzes an den Musterentwurf gehalten, der baden-württembergische dagegen nicht. Entscheidend sei, daß der Gesetzgeber trotz der Erkenntnis, es richtig anders machen zu müssen, sich dem gemeinsamen Votum beuge. Polizeirat *Lutz,* Koblenz, plädierte für den Föderalismus, der sich auch im Polizeirecht bewährt habe. Prof. *Ule* stellte klar, daß das Polizeiorganisationsrecht und das polizeiliche Verfahrensrecht Landesangelegenheit bleiben solle und sich der Vorschlag einer Bundeskompetenz nur auf das materielle Polizeirecht bezogen habe. Er bezweifelte, daß die Eigenständigkeit der Länder in polizeilichen Angelegenheiten entscheidend tangiert werde, wenn diese Materie, die ohnehin in Bund und Ländern weitgehend übereinstimme, nicht mehr Landesrecht, sondern Bundesrecht sei. Da es auch Aufgabe eines Seminars sei, unangefochtene Überzeugungen, die man mit sich herumtrage, in Frage zu stellen, gab er grundsätzlich zu bedenken: Die Entscheidung für den Föderalismus sei in einer Zeit gefallen, in der der Unitarismus wegen des Nationalsozialismus tabu war und sich die Besatzungsmächte — vorsichtig ausgedrückt — aus sehr problematischen Gründen gegen einen einheitlichen deutschen Staat entschieden hätten. Suche man 30 Jahre später nach Möglichkeiten föderalistischer Gestaltung bei der Rechtsetzung, so müßten überzeugende Gründe dafür vorgetragen werden, daß das Schulrecht in Hessen — z. B. wegen der Eigenart der Bevölkerung — sich von dem des Landes Schleswig-Holstein oder das Verwaltungsverfahrensrecht in Rheinland-Pfalz sich von dem des Saarlandes zu unterscheiden habe. Im Polizeirecht bestehe der einzige erhebliche Unterschied darin, ob man sich für oder gegen die norddeutsch-preußische Generalklausel der „Sicherheit und Ordnung" ausspreche, obwohl auch das bayerische Polizeiaufgabengesetz in Art. 5 eine verklausulierte Generalklausel enthalte. Beschränke man die Frage auf das Recht des Waffengebrauchs, so sei zu prüfen, ob es ländermäßig gebundene verschiedene Vorstellungen über den Waffengebrauch der Polizei gebe. Dieses Problem habe mit den parteipolitisch unterschiedlichen Konstellationen in den Landesregierungen nichts zu tun, zumal diese sich jederzeit ändern könnten. Unabhängig davon gäbe es z. B. kein genuines saarländisches Verfahrensrecht, und Vorstellungen über den polizeilichen Schußwaffengebrauch seien nicht ländermäßig, sondern weltanschaulich oder ideologisch verschieden. Einige bejahten den Todesschuß, weil sie Sicherheit und Ordnung wahren wollen, andere, von der Freiheit des Individuums ausgehend, lehnten ihn ab. Hier warf Prof. *Merten* ein, daß auch derjenige, der sich für die Freiheit des Individuums ausspreche, den Todesschuß durchaus bejahen könne und möglicherweise müsse. Entscheidend sei, für welche Freiheit des Individuums oder für die Freiheit welchen Individuums er eintrete.

Leitender Kriminaldirektor Dr. *Krüger*, Münster, warnte davor, bei den Bemühungen um die Vereinheitlichung des Polizeirechts in eine totale Konfrontation mit dem Föderalismus hineinzugeraten; die historischen Bezüge zum Föderalismus sollten nicht unterbewertet werden. Im übrigen, meinte *Krüger*, sei die parlamentarische Kontrolle effektiver, wenn sie von mehreren Parlamenten und nicht nur von einer Gesetzgebungskörperschaft ausgeübt werde. Städtischer Rat *Kortmann*, Neustadt a. Rbge., schlug vor, bei der Ausarbeitung von Musterentwürfen Parlamentarier zu beteiligen, um dem Vorwurf einer Aushöhlung der parlamentarischen Kompetenzen zu begegnen. Oberregierungsrat Dr. *Sieche*, Stuttgart, schwächte die Skepsis hinsichtlich einer einheitlichen Übernahme des Musterentwurfs, insbesondere des Schußwaffengebrauchsrechts durch die Länder ab und meinte, daß von Baden-Württemberg wahrscheinlich keine Widerstände gegen eine Vereinheitlichung des Polizeirechts auf der Basis des Musterentwurfs ausgehen würden und zudem der Druck der öffentlichen Meinung so stark sein werde, daß sich regionale Besonderheiten nicht durchsetzen könnten. In den Bereichen mit Bezug zum allgemeinen Verwaltungsrecht, z. B. bei der Ersatzvornahme oder dem Schadensersatz, könne es allerdings in den Ländern zu

Abweichungen kommen, die jedoch nicht schädlich seien. Regierungsdirektor Dr. *Busch*, Kiel, kam auf die Diskussion über den Föderalismus zurück und meinte, daß das Bundesstaatsprinzip wegen des Überganges von Gesetzgebungskompetenzen auf den Bund im Vergleich mit dem amerikanischen Staatsrecht den Namen nur noch sehr eingeschränkt verdiene. Aus der Verzahnung von Verwaltungsverfahrensrecht, Organisationsrecht, Polizeirecht und Kommunalrecht, die in den einzelnen Ländern organisch gewachsen seien, ergebe sich eine bestimmte Gesetzgebungsstruktur. Prof. *Ule* räumte ein, daß eine Machtbalancierung in einem föderalistischen Staat effektiver als in einem Einheitsstaat sein könne. Die parlamentarische Kontrolle gegenüber der Tätigkeit der Polizei müsse aber von der Frage getrennt werden, ob die Polizei in allen Ländern nach einem einheitlichen Recht vorgehe oder nicht. Diese Einheitlichkeit sei in erster Linie beim Schußwaffengebrauch erforderlich, und viele andere Regelungen des Musterentwurfs seien auch nur zur Abrundung aufgenommen worden. Anläßlich der Änderung der Art. 35 und 91 des Grundgesetzes und der Verzahnung der Polizei des Bundes mit den Polizeien der Länder einerseits und der der Länder untereinander andererseits wäre es nur konsequent gewesen, die Möglichkeit für ein einheitliches Polizeirecht zumindest für die Gebiete zu schaffen, auf denen die Zusammenarbeit praktische Bedeutung habe. Das habe man inkonsequenterweise unterlassen und hoffe nun, auf dem Wege der föderalistischen Gesetzgebung Abhilfe zu schaffen. Den Vorschlag, Parlamentarier schon in einem frühen Stadium an den Beratungen der Bund-Länder-Ausschüsse zu beteiligen, hielt Prof. *Ule* für beachtlich, merkte jedoch gleichzeitig an, daß Ausschüsse mit Vertretern der Ministerien, der Parlamente und möglicherweise auch der Wissenschaft sehr groß und damit nicht sehr effektiv sein würden. *Ule* wandte sich dagegen, den Föderalismus der USA mit dem deutschen zu vergleichen, der sich wiederum von dem Österreichs unterscheide. Das Verwaltungsverfahrensrecht könne, so meinte *Ule*, ohne Rücksicht auf spezielle Strukturen der Bundesländer geregelt werden, wie sich im Verwaltungsverfahrensgesetz zeige; gleiches gelte für das materielle Polizeirecht, nicht aber für das Polizeiorganisationsrecht, das mit dem allgemeinen Organisationsrecht des betreffenden Landes so eng verbunden sei, daß man im Falle einer Regelung von Bundesrechts wegen das gesamte Organisationsrecht des Landes erfassen müßte.

Frau *Adamaschek*, Speyer, fragte, warum an der Generalklausel preußischer Prägung im Musterentwurf festgehalten worden sei. Leitender Ministerialrat *Heise*, Düsseldorf, entgegnete, der Gesetzgeber könne auch bei größtmöglicher Anstrengung nicht alle denkbaren Störungen der öffentlichen Ordnung speziell erfassen; abgesehen davon, würde die Rechtsordnung dann so unübersichtlich werden, daß der Rechtsstaat ad absurdum geführt würde. Sicherlich befinde sich der Gesetzgeber in einem Dilemma. Ein behutsames Zurückgreifen auf Generalklauseln sei aber den Nachteilen vorzuziehen, die sich im Falle einer unüberschaubaren Fülle von Einzelregelungen ergäben. Regierungsrat Dr. *Scheffler*, Karlsruhe, sprach sich dafür aus, bei der Vereinheitlichung des Polizeirechts nicht den kleinsten, sondern den größtmöglichen gemeinsamen Nenner zu suchen. Nach seiner Auffassung bringt die Einheitlichkeit des Schußwaffengebrauchs wenig, wenn nicht auch andere Maßnahmen, die in der Praxis eine Rolle spielen, einheitlich geregelt würden.

Notwehr und Nothilfe des Polizeibeamten aus strafrechtlicher Sicht*

Von Eberhard Schmidhäuser

Ich darf vorweg bemerken, daß mich die Anordnung der beiden Vorträge veranlaßt, mich möglichst kurz zu halten. Eine Überforderung soll nicht stattfinden, und ich darf von vornherein dazu bemerken, daß ich bei kritischen Fragen nicht etwa kneifen möchte, wenn ich sie jetzt kurz übergehe, sondern bereit bin, mich in der anschließenden Diskussion zu stellen.

Ich möchte der Reihe nach die Begriffe klären, auch zum Teil nur andeutungsweise, damit man sieht, welche Folgerungen nachher gezogen werden müssen. Manches ergibt sich dann meines Erachtens mit Notwendigkeit. In der allgemeinen Diskussion wird vieles Halbdurchdachte mitgeschleppt, hochgespielt im Gespräch, mit Emotionen aufgeladen. Wir wollen uns bemühen, ohne Emotionen die Dinge zu erörtern. Das fängt an beim Strafrecht. Was heißt: „strafrechtliche Sicht?" Das setzt zunächst voraus, kurz sich einig zu werden über den Begriff der Strafe. Strafe ist entgegen allen heute so oft euphemistischen Darstellungen eine Übelszufügung, die Vergeltung bedeutet und zwar Vergeltung im Bösen, im Übel, wie etwa die Verleihung des Bundesverdienstkreuzes Vergeltung im Guten, Belohnung. Das eine, die Vergeltung im Guten, soll ermuntern, sich gleichermaßen staatsfreundlich und menschenfreundlich zu verhalten. Die Vergeltung im Bösen soll davon abhalten, sich in einer Weise zu verhalten, wie der sich verhalten hat, dem mit Übel vergolten wird. Das heißt: mit der Strafe wird mißbilligt, und diese Mißbilligung geschieht im Interesse der Allgemeinheit, des Gesellschaftslebens, der staatlichen Ordnung (die sich die Gesellschaft letzten Endes selbst gegeben hat), um künftige Begehung von Verbrechen, — bitte keine falschen Utopien! — nicht etwa völlig verschwinden zu lassen, wie es im Laufe der Jahrhunderte immer wieder geglaubt worden ist, sondern um die Begehung von Verbrechen auf einem erträglichen Mindestmaß zu halten oder zumindest im Geheimen zu halten (daß also das Verbrechen nicht offen begangen wird). Das ist ja schon ein großer Vorteil, wenn es nicht offen begangen wird, weil das offen begangene

---

* Der nach Stichwortnotizen gehaltene Vortrag wird hier — von kleineren Kürzungen und Änderungen abgesehen — nach den Tonbandaufnahmen wiedergegeben.

Verbrechen natürlich zur Nachahmung mehr ermuntert, — was man deutlich sehen kann bei den Geiselnahmen (wenn auch in anderer Weise): durch die Publizierung über die Kontinente hinweg sehen hier viele „vorbildhaftes" Verhalten.

Meine Damen und Herren. Damit bekenne ich mich zur Generalprävention als der Grundlage staatlichen Strafens. Allein die Generalprävention läßt sich als lückenlose Begründung des Strafens, auch unter sittlichen Aspekten verstehen; die Spezialprävention wird heute gewissermaßen als wunderbare Etikette aufgepappt, damit wir glauben, wir täten dem Übeltäter etwas Gutes, so wie wir einen Lugenkranken etwa in die Kur schicken, damit er wieder gesund wird. (Aber die meisten, die Übeltaten begehen, tun es ja gerne; und das Unwohlsein kommt immer erst, wenn sie „geschnappt" werden.) Das ist „Strafe". — Nun die Frage: was ist „Strafrecht"? Strafrecht ist die rechtliche Regelung dieser staatlich vergeltenden Reaktion, d. h. die Regelung, in der wir uns bemühen, die Reaktion in feste Linien zu bekommen, und zwar so, daß die Staatsorgane wissen, wann sie handeln müssen, und daß der etwa in Verdacht Geratene weiß, wann er und mit welcher Reaktion er zu rechnen hat. Adressat des Strafrechts ist meines Erachtens nicht etwa der Jedermann, der Bürger auf der Straße, der Rechtsgenosse, gar der Gastarbeiter, der nicht einmal Deutsch kann, sondern Adressat der Strafrechtsnormen der Gesetze ist der, der sie nachher anzuwenden hat. Und anzuwenden haben sie die Verfolgungsorgane bis zum Richter hinauf: also zunächst die Polizei, dann die Staatsanwaltschaft, der Richter. Und die Jedermannsbürger können hintendrein nachgucken, ob sie denn auch zu Recht bestraft werden. Freilich, man denkt oft an andere Beispiele, so, wenn die zulässige Fahrgeschwindigkeit auf den Landstraßen herabgesetzt wird und das überall bekanntgegeben wird (die Polizei ist einige Zeit noch zurückhaltend, verwarnt nur mündlich ohne Rechtsfolge). Aber denken Sie an die Strafbedrohung der heimlichen Tonaufnahme. Vielleicht haben nicht einmal alle von Ihnen damals wahrgenommen, daß diese Tat Ende 1967 unter Strafe gestellt worden ist; dies ist nun nicht etwa überall verkündet worden, und es sind die Leute nicht zuerst nur verwarnt worden: „Also jetzt dürft ihr nicht mehr heimlich Tonaufnahmen machen!" Aber wer's nachher getan hat, ist bestraft worden, auch wenn er meinte, das sei straffrei, und zwar, wenn er nur jedenfalls gewußt hat, daß er so etwas nicht tun dürfe (und zwar in einem sozialethischen Sinn „nicht tun dürfe"). Das also nur als kurzer Beleg für meine kurzen Behauptungen.

Strafrecht befiehlt also den Staatsorganen, wann Strafverfolgung einzusetzen hat. Es befiehlt und verbietet nicht dem einzelnen Rechtsgenossen, mag die Strafdrohung auch zusammenhängend bekanntgegeben werden bei neuen, vor allem ins Technische reichenden Regelungen, wie denen des Straßenverkehrs; aber es setzt im ganzen das sozial-ethisch Verbotene voraus und reagiert dann auf ein Verhalten, das sozialethisch verboten ist (wenn es zugleich eben auch noch schuldhaft vorgenommen worden ist). Auf sozial-ethisch Erlaubtes darf Strafrecht nicht reagieren. Das zeigt sich ganz besonders deutlich an der geschichtlichen Entwicklung des früher sog. übergesetzlichen rechtfertigenden Notstandes, der erst seit 1. 1. 1975 in einem eigenen Paragraphen als „rechtfertigender Notstand“ gesetzlich positiviert worden ist. Aber auch vorher schon hat man, als man die Strafgesetze nicht mehr als Verbotstafeln sah, sondern als Schilderung von Rechtsgutsverletzungen, die sozial-ethisch wertwidrig sind, — hat man also gesehen, daß man auf etwas Erlaubtes nicht mit Strafe reagieren darf, auch dann, wenn es nicht ausdrücklich im Gesetz gesagt ist, daß man es tun darf. Ich erinnere nur ganz kurz an die medizinisch indizierte Schwangerschaftsunterbrechung, die vom Reichsgericht seit 1927 als straflos anerkannt worden ist aufgrund des Prinzips der Güterabwägung.

In diesen Bereich nun gehört auch die *Notwehr*. Mit Notwehr bezeichnen wir ein bestimmtes sozialethisch erlaubtes Verhalten; die Rubrizierung beruht auf einer langen Rechtstradition. Sie ist meines Erachtens uneingeschränkt sinnvoll, wenn wir sie richtig verstehen. Die Grenzen der Notwehr sind zur Zeit zwar umstritten. Es bahnt sich ein Wandel in der Begriffsbildung an; aber als Grundbegriff steht jedenfalls dies fest, daß Notwehr ein erlaubtes Verhalten bezeichnet. Notwehr ist strafgesetzlich geregelt, früher in § 53, seit 1½ Jahren in § 32, und hier nicht uninteressant: nun findet sich im Anschluß an die Regelung des BGB, die ja erst 30 Jahre nach dem Strafgesetzbuch kam, ausdrücklich die Übernahme des Terminus „nicht rechtswidrig“: „Wer eine Tat begeht, die durch Notwehr geboten ist, handelt nicht rechtswidrig.“ Früher hieß es: „Eine strafbare Handlung ist nicht vorhanden“, in diesem bürokratischen Gesetzesstil; heute: „nicht rechtswidrig“, das heißt, der Gesetzgeber hat sich entschlossen, der wissenschaftlichen Analyse zu folgen und damit zu sagen: „So darf man handeln.“ — und nicht etwa nur auf die Rechtsfolge Strafe zu blicken, die eben schon seit je ausgeschlossen war. Jedenfalls ist das Endergebnis im Hinblick auf die Rechtsfolge: keine Strafe.

Nun zur Notwehr selbst in der näheren Definition des Gesetzes: Der Ausdruck ist 1975 im ganzen geblieben, der Stil nur minimal geändert. „Notwehr ist die Verteidigung, die erforderlich ist, um einen gegenwärtigen rechtswidrigen Angriff von sich oder einem anderen abzuwenden.“ Notwehr also als Selbst- und Fremdverteidigung. Insoweit stellt unser Thema von vornherein beides nebeneinander: Notwehr ist aber nach der Terminologie — auch des Gesetzes — der Oberbegriff, und Nothilfe ist im Grunde ein Unterbegriff unter Notwehr.

Wie ist nun diese Rechtfertigung zu verstehen? Ich führe einige Grundüberlegungen an, zunächst im Hinblick auf die Strafrechtsanwendung. Die Strafrechtsanwendung bezieht sich ja zunächst immer auf eine, ich setze es als evident voraus, Gutsverletzung: daß ein Gut, ein Wert, das oder der in der Gesellschaft anerkannt ist, aufgrund der gesetzlichen Regelung in einem Unrechtstatbestand als verletzt erfaßt ist; und auf dieses Gegebensein eines Verhaltens, das den Unrechtstatbestand „erfüllt" (wie man zu sagen pflegt), folgt dann in der Rechtsanwendung die nächste Frage, nämlich die nach der Rechtfertigung. Und in der Rechtfertigung, das ist eine einfache Überlegung der — sagen wir — ethischen Analyse, folgt dann die Feststellung, daß in der konkreten Handlungssituation ein anderes Gut vorgegangen ist, dessen Beachtung es erlaubt erscheinen ließ, das erste Gut zu verletzen. Ein ganz primitives Beispiel: Der Omnibus einer Reisegesellschaft ist in Brand geraten, die Reisegäste befreien sich mühsam aus dem brennenden Gefährt, und ein Gast steht da mit seinem Nylonanzug und ist in Brand geraten, und der Omnibusfahrer nimmt einer Mitreisenden, die entgeistert zuguckt, mit Gewaltanwendung rasch deren Reisedecke weg und hüllt die Reisedecke, die dadurch schwer beschädigt wird, um den brennenden Fahrgast und erstickt das Feuer. Da können wir sagen: das muß man doch tun dürfen! Aber es ist nicht etwa ein gleiches Tun-Dürfen, wie wenn man etwa eine Mücke tötet, bei der kein Gut (wenn sie nicht einem zoologischen Institut gehört und als Sonderexemplar gehütet wird), das in der Gesellschaft anerkannt ist, dahintersteckt, sondern es ist in unserem Beispiel so, daß hier ja das Eigentum der Mitreisenden, die vielleicht in völliger Verwirrung und Gedankenlosigkeit ihre Decke nicht einmal preisgeben will, nun beschädigt wird und daß diese Sachbeschädigung, diese Gutsverletzung erlaubt ist, weil ja die Gesundheit oder gar das Leben des durch den brennenden Anzug gefährdeten Reisegenossen in unserem Wert-analysierenden Verstehen ganz eindeutig vorgeht. Da geht also ein Gut dem anderen vor, und daraus ergibt sich dann die Rechtfertigung. Das wäre der Fall des Notstandes, wo die Güterabwägung auch nach der Dringlichkeit des Gutsanspruches ausdrücklich formuliert ist (in § 34).

Eine andere Struktur der Rechtfertigung ist für vernünftiges Denken nicht möglich. Ein Gut wird verletzt — nun kommt schon die Frage: darf man das? und dann die Antwort (beim Begehungsdelikt jedenfalls): ja, man darf es, wenn ein dringlicher Anspruch von anderer Seite gegeben war. Nun die Frage: wie ist das bei der Notwehr? Welches Gut geht hier vor? Man hat sofort die Fälle vor Augen, die man üblicherweise als Notwehrfälle akzeptiert: der berühmte Räuber im Walde, der jemanden überfällt, und der Jemand hat natürlich eine Pistole in der Tasche und sagt: Halt, ich schieße, wenn Du auf mich losgehst! Und der Räuber macht trotzdem weiter und will dem andern die Brieftasche entreißen; da schießt der, weil er keine andere Möglichkeit zur Verteidigung hat. Sie brauchen sich nur vorzustellen, der Jemand, der überfallen wird, wäre eine ältliche Frau, die nicht *mehr* Kräfte hat als ihre Pistole; dann ist das alles „erforderliche" Verteidigung. Das Beispiel wirkt lächerlich, aber es zeigt die Struktur. Wenn wir nun denken, daß der Räuber einen Geldwert von etwa, sagen wir, 50 Mark, 300 Mark, 10 000 Mark bekommen hätte, und auf der anderen Seite wird seine Gesundheit verletzt, ja sein Leben gefährdet, vielleicht eben auch sein Leben vernichtet, dann ist ganz eindeutig, daß Leben und Gesundheit gegenüber den materiellen Werten vorgehen. Trotzdem sehen wir diese Abwehr seit je als erlaubt an im erforderlichen Umfang. Oder z. B.: jemand, der mit einer vorgespiegelten Zeitschriftenvergabe und Abonnementwerbung in mein Haus hereinkommt, und schon steht er innen (meine Tochter hat ihn etwa hereingelassen), und ich komme hinzu und sage: „Ich bitte, sofort das Haus zu verlassen;" der Mann bleibt jedoch. Ich darf ihn mit Leibesgewalt, mit Latte und Staubsauger und allem möglichen hinausprügeln. Das *darf* ich, wenn er nicht von alleine hinausgeht: Notwehr ist *gerechtfertigt,* obwohl man sagen kann: der Hausfriedensbruch (daß der Mann da kurze Zeit in meinem Haus ist) das ist ja an sich etwas, was wieder vergeht. Dann, wenn sie an Sexualdelikte gegen Frauen denken; es ist ganz eindeutig anerkannt als erlaubte Notwehr (was zum Teil den Frauen als Ratschlag gegeben wird), dem Täter in der letzten Not den Daumen ins Auge zu drücken — bittesehr, wenn man abwägt, was ohne dies passiert wäre und was hier dagegen an Gesundheitsschädigung eingesetzt wird. Wenn man die einzelnen Güter nur betrachtet, erscheint es fragwürdig; und von daher ist es ganz eindeutig, daß bei der Notwehr (anders als beim Notstand) etwas ins Gespräch kommt, was nicht mit demselben Ausdruck „Not" bezeichnet wird. „Not" bei Notstand meint die ausweglose Situation. „Not" bei Notwehr meint die Situation auch des Ausweges, wo der Angegriffene etwa flüchten und sich dem Angriff erfolgreich entziehen könnte. Trotzdem darf er den Angriff abwehren mit den Mitteln, die erforderlich sind in der konkreten Situation. Es geht hier um das, was mit der üblichen Formel unzulänglich bezeichnet wird: „Das Recht braucht dem Unrecht nicht zu weichen." Meines Erachtens geht es um die *Geltung der Rechtsordnung,* und zwar um die soziologische oder empirische Geltung der Rechtsordnung, da sich nämlich die Gebote und Verbote der Rechtsordnung, die einen Minimalbestand an gesellschaftlichem Zusammenleben einigermaßen garantieren sollen, bei aller Toleranz, bei aller Anerkennung von Vielfältigkeit erlaubten Verhaltens, daß also hier die Rechtsordnung sich als etwas behaupten muß oder soll behaupten dürfen gegenüber etwas, was diese Rechtsordnung aktuell durchbricht — was über die Geltung der Rechtsordnung zu triumphieren trachtet, entgegen der Verteidigungsbereitschaft eines anderen. Abzuwägen sind nicht die Einzelgüter in der konkreten Situation (hier: Leib und Leben des Täters, des Angreifers, dort: das durch den Angriff gefährdete Gut, etwa Vermögen, sexuelle Freiheit, Hausfrieden und dergleichen); sondern zu vergleichen sind die Güter des Angreifers und die aktuelle Geltung der Rechtsordnung gegenüber diesem Angreifer, der sich über die Verteidigungsbereitschaft eines anderen hinwegzusetzen bereit ist, der also die Geltung der Rechtsordnung grob mißachtet.

Von daher ergibt sich, daß eine Notwehr nicht in Betracht kommt gegenüber solchen „Angriffen", die dann gar keine Angriffe in diesem Sinne sind, die also diese empirische, soziologische Geltung der Rechtsordnung nicht in Frage stellen. Und dazu gehören von vornherein die Angriffe von Kindern, unreifen Jugendlichen, wenn man so formulieren will, von Geisteskranken und von Schwerbetrunkenen, die durch die im Zustand der nicht mehr gegebenen Vollsinnigkeit begangenen Taten die Geltung (die empirische, soziologische Geltung) der Rechtsordnung als verbindlicher Verhaltensmaxime gar nicht in Frage stellen. Und von daher ist es völlig richtig, daß man seit langem hier sagt (die Formulierung ist falsch, aber das Ergebnis richtig): zwar sind auch die Angriffe von Geistekranken, Kindern und so weiter rechtswidrig (und das ist normativ richtig; normativ sind sie rechtswidrig, aber sie sind keine Angriffe auf die Geltung der Rechtsordnung); aber, so wird immer gesagt, hier muß man sich der Verteidigung enthalten, wenn man ausweichen kann. Ich halte dieses Ergebnis für völlig richtig unter den hier dargestellten etwas anderen Prämissen (d. h. der Angriff dieser Personen ist nicht „rechtswidrig" i. S. des Angriffs auf die Geltung der Rechtsordnung).

Aus diesen Prämissen ergibt sich nun die nähere Definition, die Unterscheidung der Notwehrlage und der Notwehrhandlung. Die *Notwehrlage:* nach gesetzlicher Definition gegenwärtiger rechtswidriger Angriff, also ein rechtswidriges Verhalten, das nicht nur normativ rechtswidrig ist, sondern sich gegen eine vorauszusetzende oder erkennbare Verteidigungsbereitschaft bis zum Ziel des Angreifers durchzusetzen und damit über die Geltung der Rechtsordnung zu triumphieren sucht. Dabei bleibt dann gleich, ob der Angriff sich gegen den späteren Verteidiger richtet oder gegen einen Dritten: das sind die Figuren der Selbst- und der Fremdverteidigung. Die *Notwehrhandlung* ist vor allem gekennzeichnet durch die Erforderlichkeit des eingesetzten Mittels. Die Notwehrhandlung bleibt immer innerhalb der Rechtsordnung unter sozialethischen Gesichtspunkten dann, wenn gegen den aktuell vorgetragenen Angriff mit den erforderlichen Mitteln — nicht *mehr* als die erforderlichen Mittel, aber die erforderlichen Mittel dürfen eingesetzt werden— vorgegangen wird, um den Angriff nicht zum Ziel gelangen zu lassen. Es ist *ein Stück des Kampfes ums Recht,* der sich in jeder Notwehrhandlung abspielt. Und es ist das Wunderbare, das im guten Sinne Humane und an die Bergpredigt Angelehnte unserer Rechtsordnung, daß sie *niemanden* als

Jedermannsbürger dazu *verpflichtet,* Notwehr zu üben. Wenn eine Pflicht besteht, eine Notwehr-ähnliche Handlung vorzunehmen (etwa der Eltern zum Schutze des Kindes, das angegriffen wird), dann ist das ein Moment der Fürsorgepflicht für das Kind, nicht aber etwa eine Pflicht zur Notwehr im Sinne der Verteidigung gar mit dem scharfen Mittel, das unter Umständen notwendig ist. Von daher gilt, daß man demjenigen, der einen angreift, straflos, ohne jede Rechtsfolge, auch „die andere Wange" darreichen kann. Die Rechtsordnung verlangt generell gesehen keine Notwehr. Die Notwehr ist nicht Pflicht, sondern die Rechtsordnung, so wie wir sie notwendig verstehen müssen (die immer im letzten auch eine Ordnung der Gewalt gegen den einzelnen sein muß, gegen den einzelnen, der mit seinem Willen den Grundlagen des Gesellschaftslebens widerstrebt), — diese Rechtsordnung bettet die Reaktionsbereitschaft einzelner in sich ein zur Sicherung ihrer eigenen Geltung. Von daher ist die Verteidigung der Rechtsordnung in dieser Weise *erlaubt, auch wenn sie nicht Pflicht ist.* Das ist der Punkt, der hier die Grundlage der weiteren Folgerungen bietet.

Nun zurück zum Thema! Das bisher Gesagte war betrachtet für den Jedermann. — Nun zu Notwehr und Nothilfe des *Polizeibeamten.* Der Polizeibeamte ist als Notwehrübender in Selbst- und Fremdverteidigung strafrechtlich zunächst einmal völlig dem Jedermann gleichgestellt, — von vornherein unproblematisch: außerdienstlich (wenn er in Urlaub ist, in der Badehose am Strand liegt und dergleichen); da ist auch niemand, der da ein Problem sehen würde. Problematisch ist das dienstliche Verhalten, d. h. wenn also hoheitliche Funktionen wahrgenommen werden. Es ergibt sich, daß hier ingesamt drei Rechtsbereiche zu unterscheiden sind, und zwar nun bezogen auf die Rechtsfolgen, die wir im Gesellschaftsleben aufgrund der Rechtsordnung beobachten. *„Strafrechtliche" Sicht* ist die im Hinblick auf die Rechtsfolge der Kriminalstrafe. *„Polizeirechtlich"* könnte man sagen im Sinne dessen, daß der Polizist als der Beamte, als Angehöriger seiner Behörde, tätig wird nach außen; und *„dienstrechtlich"* betrifft dann das Innenverhältnis des Beamten zu seiner Behörde. Und hier ist meines Erachtens je eine eigene Beurteilung geboten, und zwar ist es der Kunstgriff, den die Juristen zuwegegebracht haben im Laufe der Jahrhunderte, die Dinge *teleologisch* zu sehen; dieser sachgerechte Kunstgriff ist immer wieder vernachlässigt worden; er ist aber auch an dieser Stelle geboten. „Teleologisch" heißt hier: im Hinblick auf das Ziel der strafrechtsnormativen Betrachtung; und das ist immer: ausgerichtet auf die Rechtsfolge Strafe. Entsprechend ist die Frage auch in den anderen Betrachtungen auszurichten: *„Polizeirechtlich"* etwa wäre die Zurechnung des Verhaltens des Polizeibeamten zur öffentlichen Gewalt; hält sich der Beamte nicht an die entsprechenden Grundsätze, dann wird der Fehler der Behörde zur Last gelegt. *„Dienstrechtlich"* meint das Verhältnis zwischen Beamten und Behörde; hält sich der Beamte nicht an die Handlungsbefugnis — sei es eine allgemeine gesetzliche oder eine auch durch dienstliche Weisung gegebene, also rechtmäßige Beschränkung —, dann sind die Rechtsfolgen disziplinarrechtlich im Hinblick auf diesen Beamten und eben bezogen auf sein Handeln. *„Strafrechtlich"* geht es um die Rechtfertigung von Taten, die in gewissen Unrechtstatbeständen erfaßt sind, etwa gefährliche Körperverletzung, Tötungsdelikte, Freiheitsberaubung; und hier gilt: wenn keine Rechtfertigung gegeben ist und wenn die Schuld vorliegt, dann ist der Polizeibeamte vom Strafgericht mit der Kriminalstrafe zu belegen. Hier ist nun zunächst eindeutig davon auszugehen, daß Notwehr und Nothilfe im Sinne der hier getroffenen Terminologie sozialethisch auch das dienstliche Handeln des Beamten rechtfertigen im Hinblick auf die Rechtsfolge Strafe. Diese Rechtfertigungsgründe sind unabhängig von der speziellen dienstlichen Weisung und dem dienstlichen Verbot. Was disziplinarrechtlich verboten sein kann, ist strafrechtlich im Hinblick auf das Sozialethische für sich zu prüfen und kann hier als erlaubt betrachtet werden. Ich weise hier (und ich habe das in dem Gutachten für die Innenministerkonferenz schon getan) auf die Entscheidung des BGH aus dem Jahre 1957 (BGHSt 11, 241) hin, wo es um die Bestrafung eines Volksschullehrers in Hessen ging, der einen seiner Schüler körperlich züchtigte, und wo nun davon ausgegangen werden mußte, daß durch einen hessischen Ministerialerlaß allen Lehrern damals schon die körperliche Züchtigung untersagt war. Und da sagt der BGH in den hier wesentlichen Punkten: Die körperliche Züchtigung der Schüler durch den Lehrer erfülle den Tatbestand der Körperverletzung; sie sei jedoch nicht strafbar, wenn der Lehrer zur Züchtigung rechtlich befugt sei und sich innerhalb der Grenzen dieser Befugnis halte. Im Lande Hessen sei der Volksschullehrer kraft Gewohnheitsrecht auch heute befugt, die Schüler seiner Schule zu Erziehungszwecken aus hinreichendem Anlaß maßvoll körperlich zu züchtigen. Eine auf Gewohnheitsrecht beruhende Züchtigungsbefugnis könne nur durch materielles Gesetz oder Gewohnheitsrecht aufgehoben werden, nicht durch bloße Verwaltungsanordnungen. Ich möchte gar nicht näher auf die Entscheidung eingehen, das Wesentliche ist damit gesagt; der Lehrer ist freigesprochen worden von der Anklage der Körperverletzung, die eben eine *rechtswidrige* Körperverletzung voraussetzt. Und das schloß ja gar nicht aus, daß er disziplinär belangt wurde wegen des Verstoßes gegen den Ministerialerlaß.

Es ist meines Erachtens also davon auszugehen: wenn Notwehr und Nothilfe dem Jedermann erlaubt wären, dann sind sie auch dem Polizeibeamten — *auch* im Dienst — erlaubt im Hinblick auf die Strafrechtsfolge Strafe, das heißt: im Hinblick auf die strafrechtliche Beurteilung; und kein Strafgericht kann dann von einer sozialethisch wertwidrigen, rechtswidrigen, letzten Endes unerlaubten Körperverletzung, Tötung, Freiheitsberaubung ausgehen.

Ich bringe einige Formulierungen, die im Gespräch auftauchen, die diese Gleichstellung gewissermaßen als evident erleben lassen, die aber für sich keine Argumentation hergeben. So wird etwa gesagt, es wäre seltsam, wenn ein Polizeibeamter bestraft würde, weil er dem Angriff nicht ausgewichen ist, während jedermann sonst den Angriff hätte abwehren dürfen; oder: es wäre seltsam, wenn ein Angegriffener in der Nähe eines Polizeibeamten warten müßte, bis ein Nichtpolizeibeamter käme, der ihm zu Hilfe kommt, weil der Polizeibeamte nicht zu Hilfe kommen darf; oder: es wäre seltsam, wenn etwa Sicherungskräfte gegen die Entführung eines Politikers bereitgestellt würden und nicht tätig werden dürften, wenn diese Sicherungskräfte Anarchisten gegenüberstehen, die ausnahmsweise und eindeutig feststellbar, keine Schußwaffen bei sich haben, sondern nur durch die Vielzahl ihrer Personen eine körperliche Überlegenheit gegenüber etwa den gestellten Polizeieinheiten haben.

Mit diesen Hinweisen möchte ich mich aber nicht begnügen, sondern kurz noch auf zwei Einwendungen eingehen, die in der Diskussion auftauchen oder doch naheliegen, und zwar ist das eine die Heranziehung der *Menschenrechtskonvention*. Die Menschenrechtskonvention, die ja nun schon seit 2½ Jahrzehnten bei uns innerdeutsches Recht geworden ist, sagt in Art. 2 Abs. 1: „Das Recht jedes Menschen auf das Leben wird gesetzlich geschützt. Abgesehen von der Vollstreckung eines Todesurteils, das von einem Gericht im Falle eines mit der Todesstrafe bedrohten Verbrechens ausgesprochen worden ist, darf eine absichtliche Tötung nicht vorgenommen werden." „Die Tötung wird nicht als Verletzung dieses Artikels betrachtet," heißt es dann in Abs. 2, „wenn sie sich aus einer unbedingt erforderlichen Gewaltanwendung ergibt." Da wird schon deutlich, daß es nicht nur die *absichtliche* Tötung sein kann. Sie sehen, schon hier zeigt sich, daß die Dinge in der Übersetzung und überhaupt in der Übernahme aus fremdem Recht höchst fragwürdig sind. „Die Tötung wird nicht als Verletzung dieses Artikels betrachtet, wenn sie sich aus einer unbedingt erforderlichen Gewaltanwendung ergibt, um die Verteidigung eines Menschen gegenüber rechtswidriger Gerwaltanwendung sicherzustellen." Und da wird gelegentlich gesagt, das könne also nur der Angriff auf das Leben sein oder jedenfalls der Angriff auch auf die Gesundheit, und von daher ergebe sich eine Beschränkung für das Eingreifen des Polizeibeamten mit der Waffe. Dann heißt es aber verblüffenderweise zu Buchstabe b): „um eine ordnungsgemäße Festnahme durchzuführen oder das Entkommen einer ordnungsgemäß festgehaltenen Person zu verhindern". Ich sehe da einen ungeheuren Wertungswiderspruch aus dem Blickwinkel unserer Rechtsordnung; wenn man das so gelten ließe, wie es hier steht, dann müßte man bei entsprechenden Taten die Tat sich abwickeln lassen und nachher dürfte man festnehmen und dann bei der Festnahme dürfte man erst die Schußwaffe einsetzen; aber vorher zur Abwehr der unrechten Tat selbst dürfte man noch nicht die Schußwaffe gebrauchen. Das ist ein Wertungswiderspruch, der zeigt, wie verfehlt die Formulierung der Menschenrechtskonvention an dieser Stelle ist und daß hier von der Evidenz einer Regelung i. S. der Übernehmbarkeit für unsere Rechtsordnung keine Rede sein kann. Es ist auch das Seltsame, daß die Menschenrechtskonvention in der großen Strafrechtskommission mit dann freilich zum Teil fragwürdigen Argumenten vom Tisch gefegt worden ist. Man sieht, daß sie überhaupt in unser Rechtssystem nicht paßt und daß die Übersetzung fragwürdig ist und dergleichen mehr. Ich darf das hier nur erwähnen. Meines Erachtens sind es diese Wertungswiderprüche, die sie für uns unanwendbar machen. Das wäre kurz zur Menschenrechtskonvention zu sagen.

Dann das nächste: das *Bundesgesetz über unmittelbaren Zwang* als Beschränkung des Notwehrrechts des Polizeibeamten verstanden; und zwar wird ja gemeint, daß der Verhältnismäßigkeitsgrundsatz hier seinen Einzug auch in das Notwehrrecht im Hinblick auf den Polizeibeamten halte, seinen Einzug insoweit, als dieses Gesetz dem Notwehrverständnis für den Polizisten im Dienst vorgehe. Ich sehe jetzt vom neuen Entwurf eines einheitlichen Polizeigesetzes ab, wo ausdrücklich Notrechtsvorbehalte aufgenommen sind; damit ist naürlich die Streitfrage insoweit erledigt, wenn der Entwurf Gesetz wird. Jedenfalls meine ich, daß hier — im Notwehrrecht — auf die Rechtsfolge Strafe hin betrachtet wird, und dort — im Bundesgesetz über unmittelbaren Zwang — die Regelung getroffen wird im Hinblick auf das polizeiliche Verhalten mit Gefahrenabwehr, wo es auf die Ermächtigungsgrundlage ankommt und wo die Rechtsfolge bei Verstoß dann disziplinarrechtlich und haftungsrechtlich ist, je nach dem. Was ich immer wieder als Außenseiter bei der Lektüre dieser Überlegungen empfinde, ist, daß der polizeiliche Gefahrbegriff hier in unangemessener Weise in das Notwehrrecht hineingeraten ist. Wie gesagt, ich sehe jetzt von der vorgesehenen Neuregelung ab. Ich empfinde bei dieser Lektüre, daß man hier Gefahr gegen Gefahr jeweils im Hinblick auf die betroffenen Einzelgüter abwägt, statt zu sehen, daß der aktuelle rechtswidrige Angriff des geistig vollsinnigen Täters — daß dieser Angriff nicht Gefahr ist im üblichen Sinne; er ist ja keine Naturnotwendigkeit oder etwas ähnliches; vielmehr droht die Gefahr in einem überhöhten Sinne der Geltung der Rechtsordnung, und von daher bleibt es meines Erachtens ganz eindeutig dabei für die strafrechtliche Sicht, daß kein Unterschied besteht zwischen Jedermann und dem Polizeibeamten im Hinblick auf die Notwehrregelung und ihr Verständnis, daß hier sozialethisch erlaubt gehandelt worden ist, wenn nur eben die Notwehr-Voraussetzung gegeben war. Ich weise gerade zu diesem Punkt abschließend noch auf die seltsame Diskrepanz hin, die sich andernfalls hier ergeben würde, daß nämlich dem Jedermann mehr zugetraut würde im Sinne dessen, was Abwehr von rechtswidrigen Angriffen betrifft, als dem einzelnen Polizeibeamten, während es sonst ja mit Recht so ist (z. B. beim Recht der vorläufigen Festnahme, § 127 StPO), daß natürlich der Polizeibeamte mehr tun darf als der Jedermann. Sie kennen die Regelung § 127 Abs. 1, Abs. 2 StPO, wo der Polizeibeamte schon bei Vorliegen der Voraussetzung eines Haftbefehls entsprechend handeln darf. Es geht da allerdings nur um Freiheitsberaubung; aber aus dem Sich-Wehren gegen die Freiheitsberaubung entsteht dann plötzlich die Situation, wo von der Schußwaffe wieder anerkanntermaßen Gebrauch gemacht werden darf.

Meines Erachtens liegen die berechtigten Befürchtungen im Hinblick auf den Waffengebrauch an einer ganz anderen Stelle, nämlich an der praktischen Gefahr, daß von der Schußwaffe *voreilig* Gebrauch gemacht wird. Das ist eine Gefahr! Wer eine Schußwaffe hat, der neigt eben eher zum Schießen, als einer, der keine hat!! Das ist ja ganz selbstverständlich. Und ich sage das Lächerliche im Hinblick darauf, daß der ständige Leser der Neuen Züricher Zeitung immer wieder mit Überraschung feststellt, wieviel in der Schweiz, einem so friedliebenden Lande, am Sonntagnachmittag geschossen wird, weil die, bitte, ich übertreibe, weil die dortigen männlichen Bürger des wehrpflichtigen Alters alle ihr „Kanönli" zu Hause haben. Und wer immer eine Pistole in der Tasche haben darf: schon schießt er, wo eben ein anderer sich zurückhalten muß mangels Möglichkeit! Also: das ist ganz zweifellos, daß diese Gefahr besteht, daß voreilig geschossen wird. Aber wenn ich jetzt an die Rede von Max Frisch in der Paulskirche denke, wo er an Benno Ohnesorg erinnert hat und dessen Tötung in Berlin nach dem Schahbesuch 1967 (eine ganz andere Frage, wie sich das tatsächlich abgespielt hat): es kann ja eben gewesen sein eine Tötung in einer irrtümlich angenommenen Notwehrlage, bitte, ich sage das mal jetzt ganz abstrakt generell, und insoweit kommt dann fahrlässige Tötung in Betracht, wenn das der Fall ist, aber eben keine vorsätzliche; doch dieser voreilige Waffengebrauch ist ein ganz anderer Punkt, der nicht durch eine Korrektur des Notwehrverständnisses etwa behoben werden kann.

Und noch ein letzter Punkt, nämlich die spezielle Problematik des gezielten Todesschusses zur Abwehr des rechtswidrigen Angriffs. Voraussetzung für die Anerkennung als Notwehr ist von vornherein im Rahmen dessen, was ich hier schon entwickelt habe, die Erforderlichkeit dieses Todesschusses, d. h., daß der Angriff anders als durch Tötung, durch sichere Tötung nicht abgewehrt werden kann (oder ich könnte auch sagen, durch Bewußtlosmachung des Angreifers, das ist ganz selbstverständlich;

nur besteht die Schwierigkeit, je nachdem jemanden nur bewußtlos zu machen und nicht gleich zu töten, und die sichere Bewußtlosmachung geschieht dann allenfalls dadurch, daß man so schießt, daß gewissermaßen der Tod ins Ziel genommen wird), daß die Tötung also das „erforderliche" Mittel ist. Die Beispiele sind bekannt. Ich selbst meine ganz eindeutig: wenn die Situation in dieser zugespitzten Weise gegeben ist, dann ist eben der gezielte Todesschuß zwingend auch im Rahmen der Notwehr erlaubt. Die Argumente, die hiergegen vorgebracht werden, sind meines Erachtens zum Teil geradezu lächerlich, anmaßend, dumm oder sonst was (bitte: zum Teil, ich sage das nicht für alle Argumente), aber etwa für das eine Argument, das sei ja die Todesstrafe, die der Polizei in die Hand gegeben wird. Ein Argument, das man in der Presse immer wieder liest. Ich halte mich nur an das, was ich in der Tagespresse lese. Das ist so unsinnig wie nur etwas, denn die Todesstrafe (deren Gegner ich seit Anfang meiner Lehrtätigkeit bin, und zwar ganz entschlossen und profiliert), diese Todesstrafe richtet sich ja gegen den überführten und gefaßten wehrlosen Verbrecher, und er wird umgebracht wie ein Stück Vieh, während der Todesschuß gegen den Verbrecher, der den Angriff führt, ja ein Verhalten bedeutet, wo dem Verbrecher in der gegebenen Situation jederzeit die Möglichkeit offensteht, sein Leben zu retten, indem er die Hände hochnimmt und den Angriff aufgibt; und wenn in diesem Augenblick noch einer auf ihn schösse, wäre es eindeutig rechtswidrig. Das ist ganz selbstverständlich. Und von daher können wir doch nicht den *angreifenden* Verbrecher mit dem festgenommenen, längst *nach dem Angriff* zur Todesstrafe verurteilten gleichsetzen.

Daß die Polizei hier Herr über Leben und Tod sei, sie müsse aber das Leben der Bürger schützen, ist auch ein Argument, das vorgebracht wird (nach Tagespresse!). Ich kann sagen, ich wundere mich, wessen Leben hier geschützt werden muß. Der Verbrecher soll sein eigenes Leben schützen, indem er den Angriff aufsteckt! Dann ist sofort alles anders, und ich meine auch, meine Damen und Herren, das gehört da ganz eindeutig dazu: Wenn der Verbrecher in seinem Angriff niedergeschossen worden ist zur Abwehr des Angriffes, von diesem Augenblick an ist er Objekt der Fürsorge, und da ist nun andererseits etwa der § 330 c des Strafgesetzbuchs, nach dem als unterlassene Hilfeleistung bestraft werden müßte, wenn man nicht sofort alles täte, um das Leben der Verletzten noch zu retten. Die Abwägungsgesichtspunkte sind also in der berichteten Äußerung am falschen Platz, — die Verunsicherung, die mit Recht dazu führen soll, eine Humanisierung unseres Gesellschaftslebens zu forcieren, die hat ihren Platz da, wo es um den *überführten* Verbrecher geht und auch um das gerechte Verfahren, um das Verurteilen und so weiter. Da überall ist absolute Bemühung um Humanität am Platze! Aber mit Humanität hat das Respektieren gewissermaßen des verbrecherischen Angriffs nichts zu tun, wenn man den Angreifer zum Ziele kommen läßt, obwohl man den Angriff stoppen könnte, ja obwohl der Angreifer selbst eben von dem Angriff abstehen könnte. Das ist keine Naturnotwendigkeit (und es gibt kein Toleranzgebot), daß er hier seinen Angriff zum Ziele führt. So ist auch die Abwägung: Lebensgefährdung nur, wenn Leben gegen Leben steht, meines Erachtens verfehlt, weil hier Gesichtspunkte der polizeilichen Gefahrenabwehr in die Abwehr eines rechtswidrigen Angriffs hineingetragen werden, eine Abwehr, die ein anderes Ziel hat, wo es eben übergreifend darum geht, die Gesetzlichkeit des Gemeinschaftslebens gegenüber der aktuell vorgetragenen Mißachtung der Rechtsordnung zu behaupten. Ich brauche die Beispiele nicht näher auszuführen. Es gibt die Fälle, für die Phantasie durchaus vorstellbar, etwa die Blendung des Opfers durch eine salzsäurehaltige Flüssigkeit, wo „nur" eine Körperverletzung zu erwarten ist; oder stellen Sie sich vor, ein extremes Beispiel, jemand sitze auf einer großen Brücke mit einer entsprechenden Sprengladung, die er dort auslösen könnte, gar noch mit Selbstmordbereitschaft, und nehmen wir an, es werde nur die *Sache* Brücke gefährdet, außer seinem eigenen Leben. Nun soll man hier, weil nicht Leben gegen Leben steht, nicht mit dem Todesschuß — der hier das erforderliche Mittel ist, zur Abwehr dieses Angriffs reagieren dürfen!

Ich glaube also, daß der Todesschuß für ein sachgerechtes Verständnis notwendig zugelassen werden muß, eben für den Fall der Erforderlichkeit (d. h. daß er die einzige Möglichkeit zur Abwehr des Angriffs ist), und daß die Abwägung: nur Leben gegen Leben, hier nicht am Platze ist. Es ist ganz verständlich, daß hier die Polizei als gesellschaftsimmanentes Organ aus optischen Gründen danach strebt, gewissermaßen ein gutes Bild zu geben (und was weiß ich); aber das ist alles inkonsequent; es ist falsch, wenn man hier das Denken voreilig abbricht und so tut, als werde damit Humanität verkörpert.

Ich fasse zusammen: „Notwehr und Nothilfe des Polizeibeamten aus strafrechtlicher Sicht": im Hinblick auf die Rechtsfolge Strafe Rechtfertigung wie bei jedermann sonst auch. Notwehrlage verstanden als rechtswidriger Geltungsangriff; Notwehrhandlung dann, wenn diese Handlung erforderlich ist, um den Angriff zu stoppen. Der Angreifer hat seine Rettung selbst in der Hand durch Aufgeben des Angriffs. Meines Erachtens ist die generalpräventive Wirkung der Abwehr von Angriffen größer als die generalpräventive Wirkung etwa von besonders scharfen Strafen oder dergleichen. Der *Angreifer* muß sehen, daß er gegenüber einer Verteidigungsbereitschaft der Polizei nicht zum Ziele seines Verbrechens kommen kann. Nachsicht ist gegenüber dem *gefaßten* Täter geboten. In der Diskussion finden Sie hier billige Schlagworte. Sie sind meines Erachtens ein Ausfluß noch unserer nazistischen Volkserkrankung, wo man damals sagte: „Der Staat ist alles", will man heute gewissermaßen nur ja die Gewalt im Gesellschaftsleben draußen wissen, wenn sie von staatlicher Seite kommt. Und man leugnet damit die Tatsache, daß ja jede Steuerzahlung, jedes ordnungsgemäße Wirken der Behörden usw., daß alles nur funktioniert, wenn dahinter immer wieder die Strafdrohung und die Strafe steht, die den Kampf aller gegen alle und die Blutrache und all das Herkömmliche aus den Jahrhunderten und Jahrtausenden unmöglich gemacht hat. Von daher ist es leichtfertig, an einem Punkt mit der Verunsicherung anzusetzen, der dazu nicht geeignet ist. Die Humanität ist per Saldo zu sehen, indem man den anderen Geist in die Gesellschaft bringt, aber nicht dadurch, daß man den Rechtsbrecher zum Ziele kommen läßt, nur weil man sich scheut, mit der Waffe gegen ihn vorzugehen, obwohl man letzten Endes zugeben muß, daß eine staatliche Ordnung, mit dem primären Konsens der Gesellschaft, nur immer mit der Drohung der Gewalt gegen den einzelnen überhaupt existieren kann.

Notwehr und Nothilfe des Polizeibeamten aus öffentlich-rechtlicher Sicht

Von Paul Kirchhof

1. Der Rechtsstaat bietet dem Bürger eine Verhaltensordnung, deren Beachtung dem einzelnen rechtlich gesicherte Freiheit, dem Gemeinwesen inneren Frieden gewährleistet. Er bewehrt seine Ordnung mit Zwangsbefugnissen und rüstet seine Organisation mit Polizeikräften aus, um der Friedensordnung gegenüber dem Unfriedlichen Geltung zu verschaffen. Ein Verstoß gegen die staatlich gesetzte Ordnung bringt den Rechtsstaat in Not und fordert von den Staatsorganen Abhilfe. Das Polizeirecht beauftragt die Polizei, diese Notwehr zu leisten und dadurch eine Notwehr des einzelnen Bürgers zu erübrigen. Geltung und gestaltende Kraft der Rechtsordnung betrifft jeden dem Staat angehörenden Bürger. Der Rechtsstaat entlastet jedoch den einzelnen von der Vorsorge für das Recht und ersetzt die abrupten Wirkungen spontaner Gewalt durch die gemäßtigten eines rechtsgeordneten Zwangs, indem der Staat sich die Friedenswahrung und Streitschlichtung grundsätzlich vorbehält und dem Bürger nur die Wahrung eigener Rechte in seinem höchstpersönlichen Lebensbereich überläßt. Das Grundgesetz veranlaßt eine strukturelle Unterscheidung zwischen subjektivem Anspruch und objektivem Recht, individueller Rechtsbehelfsbefugnis und allgemeindienlicher Rechtsaufsicht, zwischen Selbsthilfe und gemeinschaftlichem Rechtsgüterschutz. In der akuten Krise des Rechts bewältigt der Staat die Gemeingefahren, der einzelne nur seine persönliche Gefährdung. Das Preußische Allgemeine Landrecht bringt diese Unterscheidung deutlich zum Ausdruck: Es ermächtigt die Polizei zu denjenigen Maßnahmen, die der Schutz der öffentlichen Sicherheit im Innern des Staates erfordert[1]; private Nothilfe hingegen beschränkt es auf Angehörige[2].

Das Grundgesetz drängt jedoch den Bürger nicht in eine Passivität, in der er Freiheitsvorsorge nur vom Staat erhoffen, nicht aber eigenhändig bewirken dürfte. Der Rechtsstaat sucht die körperliche Gewalt möglichst durch sprachlich vermittelte Gewalt zu ersetzen und ist des-

---

[1] Dazu *K. Vogel*, Über die Herkunft des Polizeirechts aus der liberalen Staatstheorie, in: Festschrift Wacke, 1972, S. 375/382.

[2] Vgl. *F.-C. Schroeder*, Die Notwehr als Indikator politischer Grundanschauungen, in: Festschrift Maurach 1972, S. 127/129.

halb auf den Sprechpartner und den Sprachmittler angewiesen. Ein Gesetz ist stets nur Experiment, das erst nach Annahme durch die Bürger von der geschriebenen Norm zur lebensgestaltenden Realität wird[3]. Der freiheitliche, grundrechtsgewährende Rechtsstaat wählt die individuelle Selbstbestimmung zu einem die Gemeinschaftsordnung bestimmenden Prinzip. Der freie Bürger befolgt nicht nur Rechtssätze, sondern entwikkelt und vervollständigt das Recht, z. B. beim mitwirkungsbedürftigen Verwalten oder bei der Entfaltung von Kunst, Wissenschaft, Religion oder Ehe. Eine demokratische Staatsherrschaft will von der Rechtsüberzeugung ihrer Bürger getragen sein[4]. Die „streitbare", auf Selbstbehauptung bedachte Demokratie streitet mit rechtlichen Vorkehrungen und organisatorischen Hilfen, stützt sich aber letztlich auf ihre Bürger, die das geltende Gesetz als richtiges Recht verteidigen. Das Grundgesetz sieht im Bürger den letzten Garanten seiner Ordnung, wenn ihn Art. 20 Abs. 4 zur „staatsbürgerlichen Verfassungshilfe"[5] in Ausnahmesituationen ermächtigt. Verantwortlichkeit und Nothilfeauftrag sind für Staat und Bürger grundsätzlich identisch, weil der Staat nur Erscheinungsform seiner Bürger ist. Die Einzelbefugnisse unterscheiden sich jedoch, weil der Staat mit dem Bewirken des Rechts beauftragt, der einzelne Bürger zur ergänzenden[6] Verteidigung des Rechts berechtigt ist. Der freiheitliche Staat verdrängt nicht private durch öffentliche Hand, sondern ersetzt den individuellen Kampf um die Freiheit durch staatlich gewährte Freiheitsrechte.

2. Die Subsidiarität der privaten gegenüber der öffentlichen Rechtsverteidigung läßt sich in der Gegenüberstellung von Polizei- und Strafrecht bestätigen. Beide Teilbereiche des öffentlichen Rechts schützen die Rechtsordnung, wählen dabei aber unterschiedliche Methoden: Das Strafrecht verbietet grundsätzlich[7] rechtsstörendes Verhalten, das Polizeirecht verpflichtet zu einem Tätigwerden für das Recht. Das Strafrecht erzwingt durch die Sanktionsdrohung ein Unterlassen grober Rechtsverletzungen, das Polizeirecht ermächtigt und beauftragt zur Rechtsfürsorge durch positives Tun[8]. Der Sicherungsauftrag der Polizei verpflichtet zu kontinuierlichem Bewirken des Rechts; die Notwehr- und

---

[3] *Jahrreis*, Gesetz und Recht — Recht und Gesetz, NJW 1950, S. 3 ff.

[4] *Denninger*, Gewalt, innere Sicherheit und Rechtsstaat, ZRP 1973, S. 268/270.

[5] *H. Schneider*, Widerstand im Rechtsstaat, 1969, S. 14.

[6] *Merten*, Rechtsstaat und Gewaltmonopol, 1975, S. 56 ff., anerkennt nichtstaatliche Gewaltanwendung nur aufgrund staatlicher Gestattung.

[7] Strafrechtliche „Unterlassungsdelikte" sind als Sanktion einer Untätigkeit die Ausnahme in einer Verbotsordnung.

[8] Zum Schutz strafgesetzlich anerkannter Güter durch das Polizeirecht vgl. *Dürig*, Art. 2 des Grundgesetzes und die Generalermächtigung zu allgemeinpolizeilichen Maßnahmen, AöR 79 (1953/54), S. 57.

Nothilfebestimmungen des Strafrechts gestatten eine prinzipiell verbotene Verhaltensweise in Ausnahmesituationen. Das Polizeirecht enthält Verhaltensgebote; § 32 StGB durchbricht ein Verhaltensverbot.

Der Gegensatz zwischen Sicherungsauftrag des Polizeirechts und Verhaltensverboten des Strafrechts bringt eine strukturelle Unterscheidung des Grundgesetzes zum Ausdruck. Die Verfassung überträgt das Bewirken des Rechts in der Krise der öffentlichen, staatsrechtlich gebundenen Hand; sie überantwortet die konkrete Wirkkraft des Rechts nicht privater Freiheit, d. i. individuellem Belieben. Es gilt deshalb die Regel, daß polizeigesetzliche Ermächtigungen nur Polizeiorgane berechtigen und die aktuelle polizeiliche Rechtsvorsorge private Rechtshilfe verdrängt. Problematisch ist lediglich die gegenläufige Frage, ob Polizeiorgane Verhaltensbefugnisse nicht nur aus dem Polizeirecht, sondern auch aus dem Strafrecht herleiten können, ob also die fehlende Strafbarkeit nach § 32 StGB bereits eine Ermächtigung zu dienstlicher Tätigkeit enthält. Die Frage hat praktische Bedeutung, weil die polizeirechtlichen Ermächtigungen gelegentlich rechtspolitisch als zu eng empfunden werden, z. B. wenn ein Polizeirecht es untersagt, einen beleidigenden Brief eines Strafgefangenen anzuhalten, einen die Polizeibeamten bei der Diensttätigkeit filmenden Fotografen festzunehmen, die Schußwaffe gegen einen flüchtenden Dieb einzusetzen. Das Bundesverfassungsgericht hat zur Befugnis des Anstaltsleiters, Strafgefangenenpost zu kontrollieren, ausdrücklich entschieden, daß Gesichtspunkte der Notwehr und Nothilfe nicht zu Eingriffen in grundrechtlich geschützte Freiheitsrechte (Art. 5 Abs. 1 GG) berechtigen können[9].

Ein Ergebnis, das dem Polizeibeamten polizeirechtlich etwas untersagt, was ihm strafrechtlich nicht verboten ist, erscheint befremdlich, wenn ein Verhalten nur entweder erlaubt oder untersagt sein kann. Dieser Einwand mag für das Strafrecht gelten, weil das Strafrecht eine mißbilligte Verhaltensweise mit der intensivsten staatlichen Sanktion verknüpft, diese aber nicht anderweitig gebilligtes Verhalten treffen darf. Wenn aber ein rechtlich gebilligtes Verhalten nicht bestraft werden darf, so gilt deshalb nicht auch die Umkehrung, daß ein Verhalten, weil es nicht strafbar sei, auch polizeirechtlich gebilligt würde. Mit dieser These würde man die verwaltungsgesetzliche Selbstdisziplinierung der Staatsorgane auf das reduzieren, was der Staat an Disziplin von allen Rechtsgenossen verlangt. Das Strafgesetz fordert ein rechtsstaatliches Minimum von jedem Mitbürger, ohne aber die Tätigkeit der öffentlichen Hand auf diese Anforderungen zu beschränken. Das Polizeirecht verpflichtet die Polizeiorgane zur Wahrung der öffentlichen Sicherheit; der einzelne Bürger hingegen ist nicht generell, sondern nur aufgrund

[9] BVerfGE 33, S. 1/16 f.

konkreten Polizeibefehls zur Mitwirkung bei der Störungsabwehr verpflichtet. Das Recht, in diesem Staat frei leben zu dürfen, findet weniger Grenzen vor als die Verantwortlichkeit, im Namen dieses Staates Recht zu bewirken. Deshalb ist persönliche Straflosigkeit zwar eine Mindestvoraussetzung für die Einstellung in den öffentlichen Dienst, jedoch noch kein ausreichendes Qualifikationsmerkmal (vgl. Art. 33 Abs. 2 GG). Innerhalb des öffentlichen Dienstes würde die Weisung zu einem strafbaren Verhalten zwar wegen der Strafbarkeit unverbindlich sein; eine fehlende Strafbarkeit amtlichen Tuns begründet aber selbstverständlich noch nicht dessen Rechtmäßigkeit. Die Unterscheidung zwischen Strafbarkeit, disziplinarrechtlicher Verantwortlichkeit und Eingriffsberechtigung kennzeichnen die Unterschiede zwischen den Mindestanforderungen an jeden Bürger, die gesteigerten Anforderungen an die Tätigkeit eines Staatsdieners und die Befugnis, gegenüber dem Bürger für den Staat tätig zu werden. Der gebundene Verwaltungsakt des bestochenen Beamten kann rechtmäßig, aber strafbegründend sein; der des befangenen Beamten disziplinarrechtswidrig, im übrigen aber mit der Rechtsordnung in Einklang stehen. Der fehlerhafte Verwaltungsakt ist anfechtbar, bleibt aber in der Regel ohne straf- und disziplinarrechtliche Folgen. Der Rechtsstaat prüft sein Verhalten an mehreren Kontrollstellen. Jede Prüfung hat unterschiedlich strenge Maßstäbe und verschiedene Sanktionsmöglichkeiten.

Im Ergebnis werden die Rechtsfolgen von Notwehr und Nothilfe nur auf die Strafbarkeit bezogen; der strafrechtliche Rechtfertigungsgrund entfaltet Wirkungen nur im Binnenbereich des Strafrechts. Wie die fehlende Straftatbestandlichkeit eines Verhaltens noch keine polizeiliche Ermächtigung enthält, so ist erst recht ein Verhalten polizeirechtlich nicht schon deswegen erlaubt, weil es eine Straftat zwar tatbestandlich erfüllt, die Strafbarkeit aber wegen eines strafgesetzlichen Rechtfertigungsgrundes entfällt. Damit entstehen Differenzierungen von Rechtswidrigkeiten, die die Einheit der Rechtsordnung gefährden können. Diese Gefahr besteht jedoch nur scheinbar. Die als innere Einheit zu verstehende Verfassung[10] unterscheidet nämlich die Beurteilung von Zuständen und Verhaltensweisen. Dies zeigt sich insbesondere im Nebeneinander von Bestandsschutz und Verhaltensfreiheit, von Grundrechten und Kompetenzregeln, von Verhaltensabwehr und Schadensausgleich. Verhaltensweise und Erfolg werden selbständig beurteilt. Der Notwehrtatbestand überdeckt zwei ähnliche, selbständige Rechtswidrigkeitsurteile. Notwehr meint das einen Angriff abwehrende Verhalten; aber auch den einem Angreifer zugefügten Verletzungserfolg. Das Strafrecht handelt grundsätzlich von dem die Rechtsordnung gefährdenden Verhalten. Die polizeirechtliche Aufgabennorm verpflichtet zur Wahrung des

[10] Vgl. BVerfG E 1, S. 14/32; E 19, S. 206/222; E 34, S. 165/183.

Rechtsgüterschutzes bei Angegriffenem und Angreifer. Die rechtliche Gestattung eines Verhaltens rechtfertigt nicht immer den dadurch bewirkten Erfolg. Die durch Notwehr verursachte Schädigung des Angreifers mag dem Verteidiger strafrechtlich nicht zugerechnet werden; der Schaden steht deshalb jedoch nicht mit der Rechtsordnung in Einklang, so daß die Polizei oder auch ein Bürger (§ 330c StGB) sich etwa um den verletzten Angreifer nicht zu kümmern brauchte. Umgekehrt hat der Sicherungsauftrag der Polizei zur Folge, daß sie dem Bedrohten während des Angriffs beistehen und dabei seine Notwehr untersagen, also im Rahmen ihrer Erfolgsgewährleistungspflicht die Verhaltensregeln für den Bürger verändern darf. Das Polizeirecht beauftragt zum Bewirken gleichbleibenden Rechtsgüterschutzes und ermächtigt zur Einschränkung von Rechtsgutgewährleistungen. Das Strafrecht trifft vorbeugende Verhaltensverbote und gestattet die Selbstbehauptung der Rechtsgüter. Das strafrechtliche Notrecht erfaßt deswegen zwei verfassungsrechtlich unterschiedene Tatbestände: Die individuelle Berechtigung zur Selbsthilfe ohne den Staat und eine Rechtsgüterverletzung, die von der öffentlichen Hand grundsätzlich zu vermeiden, im übrigen nur nach Maß des Verwaltungsrechts verursacht werden darf. Was dem Staat erlaubt ist, braucht dem Bürger nicht gestattet zu sein; umgekehrt folgt aus privatem Dürfen nicht auch staatliches Dürfen. Das Grundgesetz sieht für staatliches und privates Verhalten nicht Konformität, sondern strukturelle Vielfalt vor.

Die verschiedenen Maßstäbe von staatlichem und privatem Verhalten können dazu führen, daß rechtmäßiges Verhalten der öffentlichen Hand mit rechtmäßigem Verhalten privater Hand kollidiert. Hier muß die Rechtsordnung Kollisionslösungen bereithalten, wie sie etwa bei der Kollision von Grundrechten, von Bundes- und Landesrecht oder von deutschem und ausländischem Steuerrecht geläufig sind. Kündigt z. B. der Eigentümer der einzig verfügbaren Wohnung seinem Mieter und bewirkt dadurch dessen Obdachlosigkeit, so ist das Verhalten des Bürgers rechtmäßig. Findet die Polizei die Obdachlosigkeit als eine Störung der öffentlichen Sicherheit vor und weist demgemäß den Mieter wieder in die Wohnung ein, so verhält sie sich ebenfalls rechtmäßig. Die Kollisionsnorm liegt im Tatbestand des polizeilichen Notstandes, die die Verhaltensbefugnis des Bürgers verdrängt und ihn als Nichtstörer gegen Entschädigung in Anspruch nimmt. Besitzt andererseits ein Polizeiorgan den begründeten, objektiv aber irrtümlichen Verdacht, daß in einer Privatwohnung eine „Lebensgefahr für eine einzelne Person“ (Art. 13 Abs. 3 GG) abzuwehren ist und betritt sie deswegen die Wohnung, so verhält das Polizeiorgan sich rechtmäßig und die Rechtsaufsicht darf ein Betreten der Wohnung nicht verhindern. Der Wohnungsinhaber hingegen wird unter Hinweis auf sein Hausrecht gegen die objektive Rechtsbeeinträchtigung Notwehr zu üben suchen. Die Kollisionsregel liegt in der Verbindlichkeit und Bestandsfähigkeit einer verwaltungsförmlichen Duldungsverfügung, die den Wohnungseigentümer zur vorläufigen Inkaufnahme der objektiven Rechtswidrigkeit veranlaßt und ihn auf verfahrensförmliche Gegenwehr, gegebenenfalls auf Schadensersatzansprüche verweist[11].

Darüber hinaus haben die unterschiedlichen Verhaltensanforderungen an öffentliche und private Hand zur Folge, daß auch ein Rechtsverstoß — eine Rechtswidrigkeit — nicht notwendig eine Rechtsschutzbefugnis im Sinne privater Notwehr oder polizeilicher Eingriffsbefugnis auslöst. Der Vollzug eines rechtswidrigen, aber sofort vollziehbaren Verwaltungsakts ist vom Bürger zu dulden; seine Gegenwehr gegen den rechtswidrigen Angriff besteht allein in der Ausnutzung von Rechtsbehelfen. Umgekehrt ist die für die öffentliche Sicherheit und Ordnung verantwortliche Polizei nicht zur Schlichtung eines Ehestreits befugt, auch wenn die geäußerten Beleidigungen dem einen Ehepartner das Recht der Notwehr gäben. Im übrigen sagt die Rechtmäßigkeit eines Verhaltens noch nichts darüber aus, ob dieses Verhalten beim Betroffenen einen rechtswidrigen, deswegen zur Gegenwehr berechtigenden Erfolg erreicht. Hält die Polizei z. B. eine Person, die sich in hilflosem Zustand befindet, länger als 48 Stunden ohne richterlichen Entscheid in Gewahrsam, so ist das Verhalten der Polizei rechtswidrig, der bewirkte Erfolg (Schutz der Person durch polizeilichen Gewahrsam) jedoch rechtmäßig. Auch rechtswidriges Verhalten gegenüber einer Privatperson löst Notwehrrechte nur aus, wenn es den Betroffenen schädigt — also auch Erfolgsunrecht erreicht. Hat der nicht zugelassene Chirurg einen Patienten einmalig mit Erfolg operiert, so verstößt er gegen das Standesrecht, ohne aber ein Einschreiten der Polizei oder eine Gegenwehr des Patienten zu veranlassen. Umgekehrt kann ein rechtmäßiges Verhalten durchaus rechtswidrige Erfolge verursachen und damit Gegenwehrmaßnahmen auslösen. Nimmt z. B. ein Kraftfahrer unter größtmöglicher Sorgfalt und Beachtung der Straßenverkehrsregeln am Straßenverkehr teil, gefährdet er aber aufgrund unvorhergesehener Ereignisse einen Mitbürger, so darf dieser Gegenwehr üben; ein beobachtender Polizeibeamter dürfte einschreiten. Außerdem ist im Staatshaftungsrecht geläufig, daß rechtmäßiges Verhalten durchaus mißbilligte Erfolge und damit Haftungsansprüche verursachen kann.

Die Rechtsordnung stimmt also privates und öffentliches Verhalten nicht mit dem groben Raster einer Notwehr oder Nothilfe gegen einen nicht näher definierten rechtswidrigen Angriff ab, sondern fordert feinsinnigere Kollisionslösungen. Das Problem von Notwehr und Nothilfe ist

[11] § 113 StGB ist wiederum nur eine Kollisionsregel für die strafrechtliche Rechtswidrigkeit.

nicht nur eine Frage der Anwendbarkeit von § 32 StGB. Es wird insbesondere durch Amtsauftrag, Bestandsfähigkeit von Verwaltungsregeln und durch eine Ersetzung des Substanzvermögensschutzes durch einen Wertsummenschutz bewältigt. Einzelne Kollisionsfragen sind bis heute ungelöst, z. B. wenn ein Beamter eine rechtswidrige, aber dienstrechtlich verbindliche Weisung gegenüber einem Bürger vollzieht und diesen damit in eine Notwehrlage drängt. Einzelne Fälle sind unlösbar, weil die Rechtsordnung nur soweit reicht, als die Fähigkeit zur Selbststeuerung der Gesetzesadressaten reicht. Der sorgfältig abgemessene und erforderliche Schußansatz des Polizeibeamten bedroht — für den Beamten unerkennbar — einen Unbeteiligten und begründet dessen Notwehrrecht. Die Rechtsordnung kann hier ex ante keine Kollisionslösung anbieten, weil sie nicht den tatsächlichen Irrtum ausschließen kann. Hier liegt insgesamt nicht Unrecht, sondern ein von der Rechtsordnung durch Kompensationsansprüche zu bewältigendes Unglück vor.

3. Das strafrechtliche Notrecht wird als Ermächtigungsgrundlage für polizeiliches Tun bemüht, um die als zu eng empfundenen polizeilichen Ermächtigungen zu erweitern[12]. Eine nähere Untersuchung polizeirechtlicher Befugnisse und strafrechtlicher Rechtfertigungsgründe wird ergeben, daß schon die Rechtsfolgen des Strafrechts diesem Ziel nur gelegentlich entsprechen. Im übrigen kann eine solche Untersuchung nicht dem Zweck dienen, eine vom Interpreten als unzulänglich empfundene Enge polizeigesetzlicher Tatbestände durch sonstige, im Arsenal der Rechtsordnung verfügbare Regeln zu erweitern. Sie muß vielmehr als eine Bilanz der Rechtstatsachen verstanden werden, die Aussagen über Änderungsbedürftigkeit des Polizeigesetzes enthält. Dies gilt um so mehr in der gegenwärtigen rechtspolitischen Situation, in der ein bundeseinheitlicher Text der Landespolizeigesetze vorbereitet wird.

Eine Gegenüberstellung von Polizeigesetz und strafrechtlichem Notrecht ergibt, daß das Polizeigesetz dem Polizeibeamten im Vergleich zum Bürgerrecht von Notwehr und Nothilfe teilweise engere, teilweise weitere Befugnisse einräumt.

a) Die rechtsstaatliche Bindung der Staatsorgane verengt die Befugnis der Polizei im Vergleich zum Privatmann. Das Rechtsverhältnis zwischen hoheitlicher Hand und freiheitsberechtigtem Bürger ist bestimmt von Grundrechten, die den Staat zur Achtung privater Freiheit verpflichten. In der Notwehrsituation des § 32 StGB hingegen stehen sich gleich freie Mitbürger gegenüber. Mag man diese unterschiedliche Ausgangsposition noch erhalten, indem man die Grundrechtsbindung der hoheit-

---

[12] Vgl. insbes. *Schwabe*, Die Notrechtsvorbehalte des Polizeirechts, JZ 1974, S .634/636; zur Lit. vgl. im übrigen *Lenckner*, in: Schönke/Schröder, Strafgesetzbuch, 18. Aufl., 1976, § 32, Rdnr. 42 m. N.

lichen Hand auch auf ein Tätigwerden im Rahmen des § 32 StGB erstreckt[13], so ist damit doch nicht die schonende Wirkung eines Gesetzesvorbehalts erreicht, der die einzelnen polizeilichen Eingriffsweisen in detaillierten Verhaltensmodellen tatbestandlich vorzeichnet. Das Polizeigesetz sagt nicht nur, daß der gegenwärtige rechtswidrige Angriff abgewehrt werden dürfe, sondern es verknüpft bestimmte Gefahrensituationen mit einem bestimmten, nicht austauschbaren polizeilichen Mittel, enthält Aussagen über Zeit und Ort polizeilichen Tätigwerdens, regelt die Intensität polizeilichen Zugriffs, beschränkt die polizeilichen Hilfsmittel und fordert ein abgestuftes Verfahren polizeilicher Zwangsanwendung. Schon innerhalb des Polizeigesetzes ist anerkannt, daß diese sondertatbestandliche Bindung polizeilicher Standardmaßnahmen nicht durch Rückgriff auf eine generalklauselartige polizeiliche Aufgabennorm unterlaufen werden darf. Um so weniger darf die Generalklausel eines strafrechtlichen bloßen Erfolgsabwehrtatbestandes die polizeigesetzliche Tatbestandsbindung sprengen. Das strafrechtliche Nothilferecht kennt auch keine Kompetenzschranken, während die öffentlich-rechtliche Unterscheidung zwischen Polizei(-Vollzugs)recht und Ordnungsrecht gerade denjenigen mit der Bewältigung der Gefahrenlage betraut, der seiner dienstlichen Erfahrung und seinen Rechtsmaßstäben nach diesem Lebensbereich besonders eng verbunden ist. Verwaltungstätigkeit ist ferner stets Entscheiden in Unbefangenheit[14], also Willensbildung nach Rechtsmaßstab und Dienstaufgabe. Strafrechtliche Nothilfe hingegen berechtigt gerade dazu, das höchstpersönliche Motiv spontaner Selbsthilfe zur Wirkung zu bringen. Die Subsidiarität vollzugspolizeilichen Tätigwerdens und das Handlungsverbot des Befangenen findet im „Recht des ersten Zugriffs" eine ausdrücklich geregelte Durchbrechung. Dieses sorgfältig abgestimmte System von Regel und Ausnahme würde gestört, wenn die prinzipielle Unterscheidung zwischen einem Entscheiden nach Polizeirecht in verwaltungsrechtlichen Zuständigkeitsgrenzen und der Willensbildung nach privatem Belieben als Regelungsgrundlage verloren ginge. Das Polizeirecht verpflichtet außerdem in der Regel zu Entscheidungen nach pflichtgemäßem Ermessen, also nach Erfordernissen des Gemeinwohls sowie nach Intentionen der besonderen Ermächtigungsnorm[15]. Strafrechtliche Notrechtsvorbehalte regeln demgegenüber ein Abwehrendürfen, das die Entscheidung über die Ausnutzung dieses Dürfens nicht weiter rechtlich bindet. Die Tätigkeit staatlicher Exekutive ist vom Verbot des Übermaßes bestimmt, d. h. die Polizei darf nur die zur Gefahrenabwehr unbedingt erforderlichen Eingriffe wählen und außerdem keine Maßnahmen treffen, deren nachteilige Auswirkungen zu dem ge-

[13] *Schwabe*, a.a.O.

[14] Vgl. *Kirchhof*, Die Bedeutung der Unbefangenheit für die Verwaltungsentscheidung, VerwArch 66 (1975), S. 370 ff.

[15] Im einzelnen: *Drews/Wacke/Vogel*, Gefahrenabwehr, Bd. 1, 8. Aufl., 1975.

schützten Rechtsgut erkennbar außer Verhältnis stehen[16]. Eine Gegenwehr nach § 32 StGB hingegen ist nur in Grenzen der „Erforderlichkeit" gebunden. Der Verhältnismäßigkeitsgrundsatz ist Kennzeichen eines Rechtsverhältnisses zwischen Staat und Bürger, nicht eines Rechtsverhältnisses unter den Bürgern[17]. Der Bundesgerichtshof versteht die Notwehr inzwischen allerdings als ein Recht, das regelmäßig nicht nur dem Schutze des Angegriffenen, sondern zugleich der Bewährung der Rechtsordnung dient. Das Recht zu Abwehrhandlungen sei deshalb eingeschränkt, wenn dieses Allgemeininteresse am Erhalt der Rechtsordnung weniger nachdrücklich zur Geltung komme, weil eine vorwerfbare Provokation vorliege[18]. Die Lehre von einer mißbräuchlichen Ausübung des Notwehrrechts[19] und die Deutung der strafrechtlichen Notrechtsbestimmungen als Verteidigungsmittel für die empirische — im Gegensatz zur normativen — Geltung der Rechtsordnung verengt das Recht des einzelnen auf unmittelbaren Zwang weiter und mäßigt die Notwehrbefugnis vor allem gegenüber Angriffen von Kindern, unreifen Jugendlichen, Geisteskranken und schwer Betrunkenen[20]. Grundsätzlich wird jedoch nur eine Relation zwischen Angriff und Verteidigung hergestellt, nicht zwischen Verteidigungsintensität und bewirktem freiheitsverkürzendem Erfolg. Der Grundsatz der Verhältnismäßigkeit bleibt eine Eigenheit öffentlich-rechtlicher Bindung, die in einer den handgreiflichen Streit tolerierenden Konfliktregel (§ 32 StGB) nicht zum Ausdruck kommt.

Polizeilich geplante, durch sorgfältige Schulung und Ausrüstung vorbereitete Gefahrenabwehr unterscheidet sich auch tatsächlich von der spontanen Nothilfereaktion eines Mitbürgers. Der Polizeibeamte wird planmäßig in Gefahrensituationen gebracht. Seine Ausbildung ist auf eine disziplinierte Bewältigung der Gefahren ausgerichtet. Seine Ausrüstung soll ihm als Repräsentanten des Rechts eine Überlegenheit gegenüber dem Rechtsbrecher vermitteln. Die Abwehrmittel — insbesondere die Schußwaffe — werden dem Polizeibeamten vom Staat für seine Aufgabe in die Hand gegeben. Der Polizeibeamte ist verpflichtet, sich in Gefahr zu begeben. Eine solche Gefahrenabwehr findet in einem bloßen Gegenwehrrecht wie dem der Nothilfe zu wenig Planvorgaben und Maßstäbe. Im übrigen würde ein Rechtsstaat die beim Nothilferecht vorgesehene Konfliktlösung „Hand gegen Hand" kaum aufrecht erhalten, wenn

---

[16] Rspr.-Nachweise bei *Grabitz*, Der Grundsatz der Verhältnismäßigkeit in der Rechtsprechung des Bundesverfassungsgerichts, AöR 98 (1973), S. 568 ff.

[17] BVerfGE 30, 173/199 (Mephisto); BGH NJW 1976, S. 41 f. (ausdrücklich zu § 227 BGB und § 53 StGB a. F.).

[18] BGH NJW 1972, S. 1821; vgl. auch *Baldus*, in: Leipziger Kommentar, 9. Aufl., § 53, Rdnr. 1 sowie zu weiterreichenden, dem Verhältnismäßigkeitsgrundsatz nachkommenden Einschränkungen *F.-C. Schroeder*, a.a.O., S. 127 ff.

[19] *Baldus*, a.a.O., Rdnr. 30, 32.

[20] *Schmidhäuser*, Strafrecht, Allgemeiner Teil, 1970, S. 263.

er für die dort gemeinten Gesetzesadressaten unterstellen müßte, daß sie wie der Polizeibeamte alle mit Schußwaffen ausgerüstet wären.

b) Die Ergänzung des Polizeirechts durch eine generalklauselartige Ermächtigung zur Nothilfe würde die Einwirkungsbefugnisse der Polizei nicht nur rechtsstaatswidrig erweitern, sondern sie zugleich auch aufgabenwidrig verengen. Das Polizeigesetz beauftragt das Polizeiorgan, Gefahren für die öffentliche Sicherheit und Ordnung abzuwehren. Der Schutz von Rechtsgütern bestimmter einzelner Personen ist der Polizei nur bei einer bestimmten Qualität des Rechtsgutes aufgegeben[21]. Notwehr und Nothilfe hingegen verteidigen prinzipiell nur individuelle Rechtsgüter; die Abwehr muß vom Willen des Bedrohten gedeckt sein[22]. Notwehr setzt einen gegenwärtigen Angriff voraus, während die Gefahrenabwehr zwar eine besondere Nähe des Schadenseintritts fordert, die „gegenwärtige Gefahr" jedoch nur in Sondertatbeständen — etwa des Gewahrsams, Betretens und Durchsuchens von Wohnungen, der Sicherstellung — kennt[23]. § 32 StGB gestattet nur die Abwehr eines rechtswidrigen Angriffs, während das Polizeirecht zwischen Rechtswidrigkeit und Polizeiwidrigkeit unterscheidet[24]. Insbesondere darf der Polizeibeamte auch den sich rechtmäßig Verhaltenden zur störungsabwehrenden Mithilfe in Anspruch nehmen. Er verpflichtet den in seinem persönlichen Verhalten rechtmäßig bleibenden „Zustandsstörer", aber auch den am Entstehen der Gefahr schlechthin unbeteiligten „Nichtstörer". Rechtmäßiges Verhalten kann sogar den Tatbestand des „Handlungsstörers" erfüllen, z. B. wenn die rechtmäßige Teilnahme an einem Demonstrationszug infolge unerwarteter Verkehrsdichte zum störenden Erfolg eines Leib und Leben gefährdenden Straßenverkehrsstaus führt.

Der Polizeipflichtige wird nicht nur zu Duldungen, sondern auch zu gefahrabwehrenden Handlungen (positivem Tun) verpflichtet. Nothilfebefugnisse hingegen verpflichten den Angreifer allenfalls zur Duldung der Gegenwehr. Das Polizeirecht ermächtigt den Polizeibeamten, eigenhändig zur Gefahrenabwehr tätig zu werden, aber auch andere in den Dienst der Gefahrenabwehr zu stellen. Strafrechtliche Rechtfertigungsgründe beurteilen nur den individuellen Entschluß zu einer tatbestandlich strafbaren Handlung. Die Rechtsfolgeunterschiede werden auch im Haftungsmaßstab deutlich: Die Staatshaftung gleicht den durch Amts-

---

[21] *Martens*, Der Schutz des einzelnen in Polizei- und Ordnungsrecht, DÖV 1976, S. 457.

[22] BGHSt 5, 245/248; zu Bedenken vgl. *F.-C. Schroeder*, a.a.O., S. 141; *Rupprecht*, Die tödliche Abwehr des Angriffs auf menschliches Leben, JZ 1973, S. 263/265, zieht daraus Folgerungen für Notrechtsbeschränkungen.

[23] Vgl. §§ 13, 19, 21 ME und dort Begr. S. 9.

[24] *Hurst*, Zur Problematik der polizeilichen Handlungshaftung, AöR 83 (1958), S. 43/68 ff.; *Schnur*, Probleme um den Störerbegriff im Polizeirecht, DVBl. 1962, S. 1/2.

pflichtverletzung gegenüber einem „Dritten" eingetretenen Schaden aus und benennt die öffentliche Hand als Schuldner. Das für die Rechtsbeziehungen unter Mitbürgern geltende Recht hingegen gleicht die Verursachung eines schädigenden Erfolges aus und benennt den Schädiger als Schuldner. Schließlich könnte ein strafgesetzlicher Rechtfertigungstatbestand nicht Grundlage für eine dienstliche Weisung sein, die in einer monokratisch organisierten, Verantwortlichkeiten klarstellenden Polizeiverwaltung ein wesentliches Gestaltungsmittel zur Gefahrenabwehr ist.

Im Ergebnis können die polizeigesetzlichen Notrechtsvorbehalte nur die Straflosigkeit von Notwehr- und Nothilfehandlungen eines Polizeibeamten begründen, nicht aber eine polizeirechtliche Billigung aussprechen. Sofern man auf Notrechtsvorbehalte im Polizeirecht nicht verzichten will, sollte man schon in der Formulierung zum Ausdruck bringen, daß lediglich die strafrechtliche Beurteilung des Sachverhalts durch das Polizeigesetz nicht berührt werde.

Die Unanwendbarkeit einer strafrechtlichen Notrechtsgeneralklausel im Polizeirecht mag ein Unbehagen offenlassen, wenn z. B. eine Schußwaffe nur gegen verbrecherische Angriffe mit Schußwaffen oder Sprengstoff eingesetzt werden darf oder das Polizeigesetz nur den Einsatz von Schußwaffen gestattet, wo etwa das Werfen mit Sand den Abwehrerfolg ebenfalls erreichen könnte. Die aktuelle Rüge eines polizeirechtlichen Regelungsdefizits meint vor allem Sachverhalte, in denen die Polizei Leben vernichten soll, um Leben oder andere erhebliche Rechtsgüter zu retten. Dieses Unbehagen kann schon nach geltender Gesetzeslage gemindert werden. Der Sicherungsauftrag der Polizei verpflichtet das Polizeiorgan, bestimmte gefahrenabwehrende Erfolge zu bewirken. Gefahrenabwehr fordert Entscheidungen nach Wahrscheinlichkeit und Verdacht und bedingt dadurch eine Tatbestandsferne polizeilichen Handelns. Die Abwehr drohender Gefahren fordert sofortige Reaktion und gebietet deswegen polizeiliches Einschreiten, auch wenn der Gesetzgeber neue und unerwartete Situationen nicht vorausgesehen hat. Vorbeugendes und spontanes Reagieren kann nicht im Detail tatbestandlich vorgezeichnet werden[25]. Der polizeigesetzlich verdeutlichte Sicherungsauftrag — grundsätzlich eine Aufgabennorm, die vorsichtige Schlüsse auf polizeiliche Befugnisse zuläßt — ist die benötigte Generalklausel, die allenfalls den Erfordernissen sachnahen Handelns entgegenkommt. Die nach Art. 103 Abs. 2 GG besonders enge straftatbestandliche Bindung aber würde die vom verantwortlichen Beamten eigenständig aus der Gefahrensituation zu bildenden Entscheidungskriterien sachlich verfremden.

---

[25] *Kirchhof*, Sicherungsauftrag und Handlungsvollmachten der Polizei, DÖV 1976, S. 449/454 f.

4. Das gewonnene Ergebnis muß gegenüber dem Einwand bestätigt werden, es sei schlechthin evident, daß dem Polizeibeamten nicht weniger an Nothilfemaßnahmen gestattet werden dürfe, als er selbst nach Dienstschluß oder jeder beliebige Nachbar stets leisten dürfe. Die Gleichsetzung von Polizeibeamten und nothelfendem Jedermann ist rechtlich unzutreffend. Aus der Sicht des betroffenen Bürgers ergibt sich ein Unterschied daraus, daß der Bürger von der Staatsgewalt wirkungsvollere, aber verhältnismäßigere Hilfe erwartet. „Betroffener Bürger" ist nicht nur das angegriffene Opfer, sondern auch der Angreifer, der durch sein rechtswidriges Verhalten keineswegs den Schutz durch die Rechtsordnung verwirkt. In der Sicht des Polizeibeamten wird ebenfalls polizeiliches und privates Tun nicht gleichgestellt. Der Beamte ist einer gesteigerten Treuebindung (Art. 33 Abs. 4 GG) unterworfen. Das beamtenrechtliche Sonderrechtsverhältnis hat zur Folge, daß seine berufliche Freiheit nicht nach dem allgemeinen Deutschengrundrecht des Art. 12 GG, sondern nach der beamtenrechtlichen Spezialgewährleistung des Art. 33 GG beurteilt wird. Die Grenze zwischen dienstlicher und außerdienstlicher Tätigkeit entscheidet im übrigen darüber, ob polizeigesetzliche Zwangsmittel eingesetzt werden dürfen, ob der Staat oder der handelnde Bürger haftet und ob bestimmte Tatbestände einer „Straftat im Amte" (§§ 331 StGB) erfüllt sind. Auch Art. 2 Abs. 2 MRK bestätigt die unterschiedliche Bindung von staatlicher und privater Hand[26]. Die polizeiliche Schulung realisiert die besondere Treuebindung für das Recht dadurch, daß sie den Beamten ständig in simulierten Gefahrensituationen prüft, um ihn in die Lage zu versetzen, in der aktuellen Krisensituation maßvoller und besonnener als der unvorbereitete Mitbürger zu reagieren.

Eine Gleichheit besteht lediglich in der Frage der Strafbarkeit. Dienstrechtswidrigkeit führt nur zur Strafbarkeit, wenn das Strafgesetz diese Dienstpflichten tatbestandlich in einem Beamtendelikt erfaßt. Damit löst sich auch der kompetenzrechtliche Einwand, der dem Landes(polizei)gesetzgeber die Befugnis abspricht, Bundes(straf)recht einzuschränken. Eine Normenkollision besteht nicht. Der Bundesgesetzgeber behandelt die Sachmaterie der Strafbarkeit individuellen Verhaltens, der Landesgesetzgeber Aufgabe und Befugnisse polizeilichen Verhaltens. Die strafrechtlichen Notrechtsvorbehalte rechtfertigen individuelles Verhalten mit der Folge der Straflosigkeit und dem Verbot notrechtlicher Gegenwehr. Das Polizeirecht regelt demgegenüber die rechtsstaatlichen Anforderungen an amtliches Verhalten, die grundsätzlich durch die Rechtsaufsicht, also die verwaltungsinterne Selbstkontrolle erzwungen

[26] Zur Problematik vgl. *R. Krüger*, Die Bedeutung der Menschenrechtskonvention für das deutsche Notwehrrecht, NJW 1970, S. 1493; *Bockelmann*, Menschenrechtskonvention und Notwehrrecht, in: Festschrift für Karl Engisch, 1969, S. 456.

werden. Die Straflosigkeit bedingende, Notwehr und Nothilfe hindernde „Rechtswidrigkeit“ nach § 32 StGB ist eine andere als die verwaltungsrechtliche, durch Rechtsaufsicht abzuwehrende „Rechtswidrigkeit“ nach dem Polizeigesetz.

Rechtspolitisch bedenklich allerdings erscheint, daß ungleiche Maßstäbe für Polizeiorgane und private Nothilfeunternehmungen gelten. Der Schutz durch die Straßenhilfe des ADAC, durch die Deutsche Lebensrettungsgesellschaft, durch die Bergwacht, durch private Wach- und Schließgesellschaften oder den privaten Leibwächter sollte ähnlich rechtlich diszipliniert werden wie bei den Polizeiorganen. Das Gewerberecht sollte den Unterschied zwischen spontaner Hilfe und geplanten, nach vorheriger beruflicher Schulung erbrachten Schutzleistungen deutlich machen und die Grenze zwischen Privatunternehmer, Verwaltungshelfer und Beliehenem klarstellen. Diese Überlegung aber bestätigt nur den Befund, daß § 32 StGB nicht schon zu unmittelbarem Zwang gegen den Mitbürger ermächtigt, sondern nur die Straffreiheit dieses Verhaltens zur Folge hat. Der Rechtsstaat will die handgreifliche Konfliktlösung durch den rechtlich geordneten Disput ersetzen, jedenfalls aber die gewaltsame Auseinandersetzung möglichst durch verwaltungsrechtliche Bindungen mäßigen.

Aussprache zu den Referaten von Eberhard Schmidhäuser und Paul Kirchhof

Leitender Ministerialrat *Heise,* Düsseldorf, meinte, die Einheit der Rechtsordnung sei nicht mehr tragfähig. Man müsse differenzieren, und strafrechtliche Rechtfertigungsgründe rechtfertigten die Tat nur für den strafrechtlichen Bereich, könnten jedoch keine Grundlage für öffentlich-rechtliches Handeln sein. Eine Divergenz in den beiden Referaten erblickte er darin, daß Prof. Schmidhäuser anders als Prof. Kirchhof rechtspolitisch eine Gleichschaltung des öffentlich-rechtlichen mit dem strafrechtlichen Regelungsbereich befürwortete. Prof. *Schmidhäuser* stimmte dem zu und trat dafür ein, im Musterentwurf nicht zu sehr von dem zu befürchtenden Schaden auszugehen, sondern stärker zu akzentuieren, daß ein rechtswidriger Angriff abzuwehren und einer Mißachtung der Rechtsordnung Einhalt zu gebieten sei. Der Begriff der Einheit der Rechtsordnung, fuhr *Schmidhäuser* fort, sei lange Zeit zu eng und formal, gewissermaßen auf den Erfolg beschränkt verstanden worden. Inzwischen sei anerkannt, daß beispielsweise bei einer Freiheitsberaubung der mittelbare Täter, der eine falsche Anschuldigung erhebe, rechtswidrig handeln, während der unmittelbar tätige, z. B. der den Haftbefehl unterzeichnende Richter, rechtmäßig handeln könne. Hier sei eine unterschiedliche Betrachtung möglich, ohne daß damit ein Wertungswiderspruch bestehe, weil das Verhalten des einzelnen, seine Handlung und nicht etwa der Erfolg betrachtet werde. Das Strafrecht kenne keinen rechtswidrigen Erfolg, sondern nur ein rechtswidriges Handeln oder Unterlassen, so daß deshalb eine individuelle Betrachtung geboten sei. Prof. *Kirchhof* schloß an, daß das Strafrecht Verhaltensweisen der Bürger steuere, während das Polizeirecht den Rechtsgüterschutz zu gewährleisten habe. Die Einheit der Rechtsordnung sei nicht gänzlich zu leugnen, es gebe sie auf der Verfassungsebene. Diese einheitliche Rechtsordnung mit Grundwertungen gestatte nicht nur, sondern fordere eine Differenzierung zwischen der Disziplinierung der öffentlichen Hand und der prinzipiellen Freiheit des Bürgers. In einer einheitlichen Verfassung seien divergierende Sonderrechtsbereiche angelegt, die dann unterschiedlich abgestuft werden könnten, beispielsweise im Strafrecht, das ein ethisches Minimum enthalte, im Disziplinarrecht, das erhöhte normative Anforderungen an Beamte stelle, oder im Spezialverwaltungsrecht.

Dem widersprach Prof. *Ule* unter Hinweis auf den vom Bundesgerichtshof entschiedenen Fall des Lehrers, der in Hessen wegen der Züchtigung eines Schülers disziplinarrechtlich zur Verantwortung gezogen wurde, obwohl gewohnheitsrechtlich ein Züchtigungsrecht bestand. *Ule* bezweifelte, daß in einem solchen Fall disziplinarrechtlich vorgegangen werden könne; eine allgemeine Verwaltungsvorschrift in Form eines Erlasses des Kultusministers, der die Züchtigung verbietet, würde im Widerspruch zum Gewohnheitsrecht stehen, das die Züchtigung gestatte. In diesem Falle wäre die Dienstanweisung des Ministers nichtig, weil sie gegen den Grundsatz der Gesetzmäßigkeit der Verwaltung verstieße, wobei auch ein Verstoß gegen einen Gewohnheitsrechtssatz ausreiche. *Ule* plädierte für die Einheit der Rechtsordnung und wandte sich dagegen, daß der Lehrer einerseits vom Strafgericht freigesprochen, andererseits disziplinarrechtlich zur Verantwortung gezogen werde. Prof. *Kirchhof* erwiderte, die Einheit der Rechtsordnung sei unverzichtbar, soweit es um die Rechtsquellen und ihren Rang gehe. Innerhalb der Rechtsordnung könne es aber Differenzierungen geben, so daß die Unterscheidung zwischen dem Formalen und dem Materiellen gerade hier ihre Bedeutung habe. Daher sei es möglich, daß etwas disziplinarrechtlich im Innenverhältnis rechtswidrig sei, nicht aber im strafrechtlichen Außenverhältnis. Prof. *Merten* ergänzte, daß es bei der Einheit der Rechtsordnung nicht um die Normenhierarchie, sondern um die Frage gehe, ob ein Verhalten z. B. einerseits strafrechtlich rechtmäßig, andererseits polizeirechtlich oder disziplinarrechtlich rechtswidrig sein könne, was zu bejahen sei. Hierzu fragte Regierungsdirektor Dr. *Busch*, Kiel, ob der Polizeibeamte im Dienst Angriffe gegen seine Person oder seine Sachen, z. B. sein Kraftfahrzeug, wie jeder andere abwehren oder ob er hierbei durch polizeirechtliche Normen beschränkt werden könne. Prof. *Merten* entgegnete, daß der Polizeibeamte strafrechtlich wie jeder andere Bürger zu behandeln sei, polizeirechtlich und beamtenrechtlich aber einem Sonderrecht unterstellt sein könne. Prof. *Kirchhof* lehnte eine Unterscheidung zwischen Notwehr für die eigene Person und eigene Sachen und Nothilfe innerhalb des Polizeirechts ab. Der Polizeibeamte müsse die erforderliche Selbstdisziplin auch einhalten, wenn es um seine eigenen Rechtsgüter gehe. Allerdings wäre das Polizeirecht fehlerhaft ausgestaltet, wenn seine Anforderungen den Polizeibeamten überforderten. Auf die strafrechtliche Generalklausel, wonach Gefahrenabwehr im Sinne der Angriffsabwehr möglich sei, sollte man dagegen nicht zurückgreifen.

Leitender Kriminaldirektor Dr. *Krüger*, Münster, betonte, daß die Handlungen von Polizeibeamten in Ausübung ihres Amtes strafrechtlich nach dem Rechtfertigungsgrund der rechtmäßigen Amtsausübung zu beurteilen und ihnen erst in der Situation der Selbstverteidigung die persönliche Notwehr zuzubilligen sei; das sei auch deshalb erforderlich, weil der Polizeibeamte Nothilfe nur üben könne, wenn das Opfer sich verteidigen wolle, was gerade bei Geiselnahmen oft zweifelhaft sei, weil das Opfer eine Eskalation vermeiden und unter Umständen nicht durch Schußwaffengebrauch befreit werden wolle; trotzdem müßte die Polizei hier tätig werden können und insoweit stehe ihr der Rechtfertigungsgrund der rechtmäßigen Amtsausübung zur Seite. Prof. *Schmidhäuser* trat für eine Differenzierung ein. Er wies darauf hin, daß in einer Situation mehrere Rechtfertigungsgründe zusammentreffen könnten, die dann nebeneinander stünden, ohne daß die Notwehr durch den Rechtfertigungsgrund der rechtmäßigen Amtsausübung beschränkt werde. Sodann wandte sich *Schmidhäuser* gegen das oft falsch gebrauchte Argument des fehlenden Verteidigungswillens; stehe jemandem im Rahmen der Rechtsordnung die Verfügungsbefugnis über ein Rechtsgut zu und mache er davon Gebrauch, dann könne eine Nothilfe nicht mehr in Betracht kommen. Daher sei beispielsweise bei Angriffen auf das Eigentum eine Nothilfe nicht mehr möglich, wenn der Eigentümer die Sache freiwillig weggebe. Anders verhalte es sich bei der Geiselnahme. Zunächst suche die Geisel im Augenblick der höchsten Gefahr nur nach einem Ausweg, ohne ihr Leben zur Verfügung stellen zu wollen. Aber auch wenn sie es wollte, dürfte sie es innerhalb der sozialethischen Ordnung nicht tun. § 216 StGB zeige, daß auch die Tötung auf Verlangen des Getöteten als Unrecht angesehen werde, weshalb niemand auf sein Leben verzichten könne, was entsprechend für die gefährliche Körperverletzung gelte. Daraus folge, daß in allen Fällen, in denen es an der Verfügbarkeit über das Rechtsgut fehle, Nothilfe geübt werden könne, was im Falle der Lebensgefährdung eindeutig und inzwischen wohl allgemeine Auffassung sei. Das Argument, derjenige, der den Angriff hinzunehmen bereit sei, mache damit einem potentiellen Nothelfer die Nothilfe im Sinne der Rechtmäßigkeit seines Handelns unmöglich, treffe nicht zu. Es habe sich — ausgehend von einer Entscheidung des Bundesgerichtshofs — in einer Zeit, in der die Selbsttötung teilweise glorifiziert wurde, leider falsch in die Kommentar- und Lehrbuch-Literatur eingefressen und finde sich auch an einer Stelle der Begründung des Musterentwurfs. Der Bundesgerichtshof (BGHSt 5, 245) habe seinerzeit falsch argumentiert. Denn in dem zu entscheidenden Fall, in dem eine katholische Jugendgruppe die Vorführung des Filmes „Die Sünderin" gestört habe, könne von einer Nothilfe im Sinne der Abwehr eines Angriffs auf die Ehre der Kinobesucher keine Rede sein, so daß es auch auf die Verfügbarkeit nicht ankomme.

Polizeirat *Lutz*, Koblenz, hob hervor, daß in erster Linie die polizeirechtliche Ermächtigung zum Handeln und nicht die strafrechtliche Rechtfertigung von Bedeutung sei, was sich insbesondere bei dem angeordneten Todesschuß zeige. In diesem Zusammenhang äußerte Ministerialrat *Streicher*, Bonn, rechtsstaatliche Bedenken, daß die Abgabe eines gezielt tödlichen Schusses bei Angriffen auf Sachgüter mit dem Verhältnismäßigkeitsgrundsatz vereinbar sei. Dem widersprach Prof. *Schmidhäuser*. Wenn der tödliche Schuß das einzige Mittel zur Abwehr eines Angriffs darstelle und der Angreifer auch gewarnt sei, dürfe er auch bei Angriffen auf Sachgüter, z. B. spektakuläre Bauwerke, aus rechtsstaatlichen Gründen nicht verboten werden. Auf einen Anarchisten, der eine Brücke in die Luft sprengen und damit im Effekt auch Selbstmord begehen wolle, dürfe ein gezielt tödlicher Schuß abgegeben werden. *Schmidhäuser* wandte sich dagegen, nur oder nur in erster Linie den dabei entstehenden Schaden auf der Seite des Angreifers zu sehen; es liege gleichzeitig ein als unerträglich zu empfindender Angriff auf die Geltung der Rechtsordnung vor, den man mit polizeilichen Mitteln und letztlich mit dem Todesschuß hemmen müsse. Allerdings müsse der Täter zuvor mit der Verteidigungsbereitschaft konfrontiert worden sein. Er müsse sehen, daß andere bereit seien, die Geltung der Rechtsordnung durchzusetzen, und dennoch an seinem verbrecherischen Vorhaben festhalten. Ein solcher Triumph des Unrechts über die Geltung der Rechtsordnung sei mit den Prämissen einer staatlich geordneten Gesellschaft nicht zu vereinbaren und in diesem Falle müsse auch die letzte Konsequenz gezogen werden dürfen. Prof. *Merten* fragte, ob in allen Fällen das tatsächliche Wissen des Angreifers um die Verteidigung der Rechtsordnung erforderlich sei oder ob es nicht auch genüge, daß der Täter mit der Verteidigung rechnen müsse. Prof. *Schmidhäuser* verdeutlichte, daß dem Angreifer die Verteidigungsbereitschaft bekannt sein oder er nach der Situation damit rechnen müsse, daß diese sich notfalls massiv gegen ihn richte, wie beispielsweise bei einem Banküberfall. Die Grenze der erlaubten Notwehr werde jedoch überschritten, wenn der Täter bei einem heimlichen Diebstahl erschossen werde, auch wenn dies die einzige Möglichkeit einer Abwehr des Angriffs sei. Die bloße normative Rechtswidrigkeit eines Verhaltens begründe allein nicht den rechtswidrigen Angriff im Sinne der Notwehrlage. Auch Prof. *Ule* sprach sich dafür aus, bei der Regelung des gezielt tödlichen Schusses im Musterentwurf nicht bei der Lebens- und Leibesgefahr stehenzubleiben, sondern auch Gefahren für Sachen von ganz besonderer, von lebenswichtiger Bedeutung zu bedenken, obwohl die Gesetzesformulierung schwierig sein könne. Prof. *Kirchhof* warf ein, das Polizeirecht ziele auf das Bewirken von Rechtserfolgen, während das Strafrecht von der Strafbarkeit individuellen Verhaltens ausgehe. Wenn ein Geisteskranker ein Museum oder eine Brücke sprengen wolle, wäre die Geltung der Rechtsordnung nicht gefährdet, weil der Täter sich gegen diese gar nicht auflehnen könne. Dennoch stünde die Polizei vor der Frage, ob sie gegebenenfalls mit einem gezielt tödlichen Schuß einschreiten dürfe. Prof. *Schmidhäuser* erwiderte, daß die Durchsetzung der Rechtsordnung gegenüber einem Angriff der geschilderten Art nicht mehr zur Aufgabe der Polizei gehöre, wohl aber bei Angriffen geistig gesunder Täter. Er schloß mit dem Hinweis, daß man sich bei einer allzu starken Begrenzung im Musterentwurf die Möglichkeiten sachgerechten Handelns unter Umständen von vornherein aus der Hand schlage.

Zum polizeilichen Schußwaffengebrauch

Von Detlef Merten

„Mit hellem Jubel empfing die Volksmenge diese Zusagen, und Tausende versammelten sich vor dem Schloß, um mit lauten Hochrufen dem Könige zu danken. Indessen diese Wendung war gar nicht nach dem Sinn des durch die fremden Zuzügler noch mehr aufgeregten Gesindels. Eine Arbeitermasse brach in wilde Rufe aus, verlangte den Abzug des Militärs, Öffnung des Schlosses, drängte gegen die Wachen vor. Und als nun der König den Platz zu säubern befahl, geschah es, daß durch Ungeschick eines Grenadiers sowie durch den Schlag eines Arbeiters auf das Gewehr eines Unteroffiziers zwei Schüsse losgingen, die zwar niemand trafen, aber benutzt wurden, um alle schlechten Leidenschaften zu entfesseln. Überall, in allen Straßen, allen Häusern hieß es Verrat, man mordet uns, ganze Massen wehrloser Bürger sind niedergehauen. Eine weiße Fahne mit der Aufschrift ‚Mißverständnis' trug nicht, wie man gehofft, zur Beruhigung bei, in allen Stadtgegenden entstanden wie durch einen Zauberschlag die *Barrikaden*[1]."

„Am Abend vor der Berliner Oper demonstrierten mehrere tausend Studenten gegen den Schah. Es kam zu den bekannten Vorfällen, bei denen nach dem Leberwurstprinzip des Polizeipräsidenten den Demonstranten der Fluchtweg abgeschnitten wurde und dann hunderte von Polizisten eingesetzt wurden, die sie niederknüppelten. Zivile Greiftrupps verfolgten Flüchtende; einer der Flüchtenden, der Student Benno Ohnesorg, wurde vom Kriminalbeamten Kurras auf einem Parkhof erschossen[2]."

Beide Ereignisse, die die Autoren nicht ohne Färbung schildern, haben tiefe Spuren in der Geschichte hinterlassen. Erlitt das preußische Königtum in der März-Revolution 1848[3] „seine schwerste innere Niederlage"[4],

[1] *Ernst Berner*, Geschichte des preußischen Staates, Bd. II (München, Berlin 1891), S. 657; vgl. hierzu auch *Veit Valentin*, Geschichte der deutschen Revolution von 1848 - 1849, 1. Bd. (Berlin 1930), S. 428; *Otto Hintze*, Die Hohenzollern und ihr Werk, 3. Aufl. (Berlin 1915), S. 530; *Theodor Schieder* in: Gebhardt, Handbuch der deutschen Geschichte, 9. Aufl. Bd. 3 (Stuttgart 1970) § 28, S. 142 f.; *E. R. Huber*, Deutsche Verfassungsgeschichte seit 1789 Bd. 2, 2. Aufl. (Stuttgart, Berlin, Köln, Mainz 1960), S. 574.

[2] *Uwe Bergmann* in: Dutschke/Lefèvre/Rabehl, Rebellion der Studenten oder die neue Opposition (Reinbek 1968), S. 30; vgl. in diesem Zusammenhang auch die 1. Beschlußempfehlung des 1. Untersuchungsausschusses des Abgeordnetenhauses von Berlin — V. Wahlperiode — vom 18. 9. 1967, Drucks. Nr. 161 v. 21. 9. 1967.

[3] Vgl. *Bismarck*, Erinnerung und Gedanke, 1. Buch, 2. Kap. (Werke in Auswahl, 8. Bd. Teil A, hrsg. von Rudolf Buchner, Darmstadt 1970), S. 17 ff.; ferner die in Fußn. 1 Genannten.

[4] *E. R. Huber*, Deutsche Verfassungsgeschichte seit 1789 Bd. 2, S. 573; ähnlich *Hintze*, Die Hohenzollern und ihr Werk, S. 532; *Valentin*, Geschichte der deutschen Revolution 1848 - 1849, Bd. 1, S. 447.

deren volles Ausmaß vielleicht nur *Bismarck*[5] sofort erkannte, so hatte knapp 120 Jahre später der Tod des Berliner Studenten einen Durchbruch der außerparlamentarischen Opposition zur Folge, der die fast zwanzigjährige Periode des Aufbaus und der Konsolidierung des neuen deutschen Staates beendete und eine Epoche der Unruhe und auch des Terrors einleitete, die bis heute andauert. Nun wäre es sicherlich allzu vordergründig, die Ursache der geschichtlichen Umbrüche allein oder auch nur in erster Linie in dem Schußwaffengebrauch zu sehen. Aber bei latenten Krisen können Schüsse — selbst wenn es sich nur um einen versehentlichen Schuß oder einen Warnschuß gehandelt hat, wie am 18. März 1848 — „Auslöser" sein, die, wie *Klages*[6] formuliert, eine „Unruhedisposition aktualisieren".

I. Trotz der Brisanz kann kein Staat — auch und gerade nicht der freiheitliche Rechtsstaat — auf den Schußwaffengebrauch seiner Hoheitsträger verzichten. Der Staat muß nach außen Staatsgebiet, Staatsvolk und Souveränität notfalls mit militärischer Waffengewalt verteidigen und im Innern die Rechtsordnung, die eine Friedensordnung ist, und die Rechtsgüter seiner Bürger notfalls mit Gewalt schützen. Gerade weil der Staat der Neuzeit die Gewaltanwendung verstaatlicht, ein Gewaltmonopol[7] begründet und Privatgewalt nur noch in Ausnahmesituationen gestattet hat[8], muß er die Rechte und Freiheiten seiner Bürger vor rechtswidrigen Übergriffen behüten. Daher ist es seit jeher des Amtes der primär für die innere Sicherheit zuständigen Polizei, „die nöthigen Anstalten ... zur Abwendung der dem Publico, oder einzelnen Mitgliedern desselben, bevorstehenden Gefahr zu treffen"[9]. Es wäre allzu unrealistisch und utopisch darauf zu vertrauen, daß allein die menschliche Einsicht die Bürger zur freiwilligen Einhaltung und Befolgung der Gesetze veranlaßt[10]. Wer die für alle geltenden Gesetze übertritt und mißachtet, muß notfalls durch die Staatsgewalt zum Gesetzesgehorsam angehalten werden. Insoweit muß jede Rechtsordnung zugleich Zwangsordnung und jeder Rechtsstaat zugleich Machtstaat sein. Rechtsbewußtsein und Rechtsüberzeugung leiden, wenn Normverstöße hingenommen und nicht geahndet werden. Gleichzeitig wird hierin eine Ohnmacht offenbart, die nach *Ihering* die „Todsünde des Staates"[11] ist. Nur die im Rechtsstaat gesetzlich gebändigte Staatsgewalt kann ein geregeltes

[5] Vgl. hierzu *E. R. Huber*, a.a.O., S. 580 ff.

[6] Die unruhige Gesellschaft (München 1975), S. 156.

[7] Vgl. *Merten*, Rechtsstaat und Gewaltmonopol (Tübingen 1975).

[8] Vgl. *Merten*, a.a.O., S. 56 ff.

[9] § 10 II 17 PrALR.

[10] *Merten*, a.a.O., S. 29; *Kirchhof* in: Birtles/Marshall/Heuer/Kirchhof/Müller/Spehar, Die Zulässigkeit des Einsatzes staatlicher Gewalt in Ausnahmesituationen (Karlsruhe, Heidelberg 1976), S. 84.

[11] Der Zweck im Recht, 1. Bd., 4. Aufl. (Leipzig 1904), S. 342.

menschliches Zusammenleben garantieren, bei dem nicht das private Faustrecht, sondern das für alle geltende Gesetzesrecht ausschlaggebend ist.

Der Rechtsstaat hat in den letzten Jahren auf Herausforderungen nicht mit der nötigen Festigkeit reagiert, sondern Schwächen gezeigt. Eine problematische Amnestie[12], die Liberalisierung des Strafrechts und eine falschverstandene und überbewertete Demonstrationsfreiheit[13] haben seit Beginn dieses Dezenniums Gewalt und Terror nicht besänftigt, sondern geradezu herausgefordert. Die Zunahme der Gewaltkriminalität, des Terrorismus und des Anarchismus machten in stärkerem Maße als früher die Zusammenarbeit der Polizeikräfte des Bundes und der Länder erforderlich. Im Hinblick hierauf hat sich die Ständige Konferenz der Innenminister und -senatoren des Bundes und der Länder für eine Vereinheitlichung des materiellen Polizeirechts ausgesprochen und den Musterentwurf eines einheitlichen Polizeigesetzes[14] erarbeiten lassen, bei dem die Anwendung unmittelbaren Zwanges und der Schußwaffengebrauch im Vordergrund der Diskussion stehen.

II. Der Bund kann kraft eigener Gesetzgebungskompetenz kein Recht des unmittelbaren Zwanges oder des Waffengebrauchs bundeseinheitlich schaffen. Zwar steht ihm gemäß Art. 74 Nr. 4a GG seit 1972[15] die konkurrierende Gesetzgebungsbefugnis für das Waffenrecht und seit neuestem auch für das Sprengstoffrecht[16] zu. Art. 74 Nr. 4a meint jedoch nur das allgemeine Waffen- und Sprengstoffrecht, nicht das spezielle Recht des Waffen- und Sprengstoffgebrauchs durch Hoheitsträger. Konsequenterweise klammern auch das Waffengesetz[17] und das Sprengstoffgesetz[18] den militärischen und polizeilichen Waffen- und Sprengstoffgebrauch aus[19]. Bundesrechtlich kann daher der Schußwaffengebrauch nur insoweit reglementiert werden, als dem Bund auch die Wahrnehmung der damit durchzusetzenden Aufgaben zusteht, insbesondere also

[12] Vgl. das Gesetz über Straffreiheit v. 20. 5. 1970 (BGBl. I S. 509), das sich auch auf Taten „im Zusammenhang“ mit Demonstrationen erstreckte und selbst kriminelle Delikte bis zu einer Freiheitsstrafe von neun Monaten erfaßte (vgl. § 2 Abs. 2 u. 3).

[13] Charakteristisch hierfür z. B. die Fehlinterpretationen von *Diederichsen/ Marburger*, NJW 1970, 777 ff. Hiergegen *Merten*, NJW 1970, 1625 ff.

[14] Siehe *Heise*, Musterentwurf eines einheitlichen Polizeigesetzes (Stuttgart 1976).

[15] Vgl. das 31. Gesetz zur Änderung des Grundgesetzes v. 28. 7. 1972 (BGBl. I S. 1305).

[16] Vgl. das 34. Gesetz zur Änderung des Grundgesetzes v. 23. 8. 1976 (BGBl. I S. 2383).

[17] v. 19. 9. 1972 (BGBl. I S. 1797) i. d. F. v. 8. 3. 1976 (BGBl. I S. 433).

[18] Gesetz über explosionsgefährliche Stoffe (Sprengstoffgesetz) v. 13. 9. 1976 (BGBl. I S. 2737).

[19] Vgl. § 6 Abs. 1 WaffenG, § 1 Abs. 4 Nr. 1 SprengstoffG.

auf dem Gebiet der Verteidigung, des Grenzschutzes und anderer bundespolizeilicher Agenden[20] (vgl. Art. 73 Nr. 1 und 5 GG). Die vom Bund erlassenen Gesetze über den unmittelbaren Zwang bei Ausübung öffentlicher Gewalt durch Vollzugsbeamte des Bundes[21] und über die Anwendung unmittelbaren Zwanges und die Ausübung besonderer Befugnisse durch Soldaten der Bundeswehr und zivile Wachpersonen[22] können infolgedessen nur einen Sektor des Schußwaffengebrauchs erfassen. Es kann daher im Bundesgebiet nicht zu einem gemeinen, sondern allenfalls zu einem allgemeinen Schußwaffengebrauchsrecht kommen. Letzterem Ziel dient der ausgearbeitete Entwurf, der entgegen seinem Titel nicht Musterentwurf eines einheitlichen Polizeigesetzes, sondern Musterentwurf einheitlicher Polizeigesetze in Bund und Ländern ist. Auch seine Amtliche Begründung geht nicht von einer formellen Vereinheitlichung des Polizeivollzugsrechts, von einer zusammenfassenden Regelung in einem Gesetz aus. Es wird lediglich eine materielle Vereinheitlichung, eine nach Inhalt und Wortlaut übereinstimmende, wenn auch in verschiedenen Gesetzen enthaltene Regelung erstrebt[23].

An der bisherigen Zersplitterung des Rechts des Schußwaffengebrauchs, das zum Teil in besonderen Gesetzen über die Anwendung unmittelbaren Zwanges[24], teilweise in den Polizeigesetzen[25] und in Schleswig-Holstein in einem Landesverwaltungsgesetz[26] enthalten ist, würde sich auch im Falle der Vereinheitlichung nichts ändern. Aber auch eine bloß materielle Vereinheitlichung brächte erhebliche Vorteile, weil sie Unterschiede beseitigte, die im Recht des Schußwaffengebrauchs in den

[20] Vgl. § 6 des Gesetzes über den unmittelbaren Zwang bei Ausübung öffentlicher Gewalt durch Vollzugsbeamte des Bundes und § 1 des Bundespolizeibeamtengesetzes v. 19. 7. 1960 (BGBl. I S. 569).

[21] v. 10. 3. 1961 (BGBl. I S. 165).

[22] v. 12. 8. 1965 (BGBl. I S. 796).

[23] Begründung zum Musterentwurf eines einheitlichen Polizeigesetzes des Bundes und der Länder (Stand: 11. 6. 1976) sub A 2.2, S. 6, abgedruckt bei *Heise* (Fußn. 14), S. 14.

[24] §§ 9 ff. Bundes-UZwG (Fußn. 21); §§ 8 ff. des G. über die Anwendung unmittelbaren Zwanges bei der Ausübung öffentlicher Gewalt durch Vollzugsbeamte des Landes Berlin (UZwG Bln) v. 22. 6. 1970 (GVBl. S. 921); § 5 f. des Hess. Gesetzes über die Anwendung unmittelbaren Zwanges bei Ausübung öffentlicher Gewalt v. 11. 11. 1950 (GVBl. S. 247); §§ 7 ff. der Nieders. Verordnung über die Anwendung unmittelbaren Zwanges durch die Verwaltungs- und Polizeibehörden v. 15. 11. 1951 (Nieders. GVBl. Sb. I S. 100); §§ 11 ff. des G. über Ausübung und Grenzen des unmittelbaren Zwanges (UZwG NW) v. 22. 5. 1962 (GV S. 260/SGV NW 2010).

[25] Art. 38, 42 ff. BayPAG i. d. F. v. 24. 10. 1974 (GVBl. S. 739, ber. 814); §§ 33, 39 f. Bad.-Württ. PolizeiG i. d. F. v. 16. 1. 1968 (GBl. S. 61, ber. S. 322); §§ 44, 48 ff. Brem.PolG v. 5. 7. 1960 (GBl. S. 73); §§ 18 f., 22, 24 ff. Hamb. SOG v. 14. 3. 1966 (GVBl. S. 77); § 36 Nieders. SOG v. 21. 3. 1951 (GVBl. Sb I S. 89); §§ 52, 57 ff. Rh.-Pf. PVG i. d. F. v. 29. 6. 1973 (GVBl. S. 180).

[26] §§ 226, 231 ff. Schl.-H. LVG v. 9. 12 1974 (GVBl S. 453).

einzelnen Bundesländern bestehen: So ist der Gebrauch der Schußwaffe zur Vereitelung der Flucht einer Person, die auf frischer Tat betroffen wird, teilweise nur zulässig, wenn der Verdacht eines Verbrechens besteht[27], teilweise aber auch, wenn es sich um ein Vergehen handelt und der Täter Schußwaffen oder Explosivmittel angewandt hat oder mit sich führt[28]. Von der Pflicht, den Schußwaffengebrauch anzudrohen, sind nur in einzelnen Gesetzen Ausnahmen u. a. für die Fälle der Notwehr und des Notstands vorgesehen[29]. Das Verbot, Schußwaffen gegen Personen zu gebrauchen, die sich dem äußeren Eindruck nach im Kindesalter befinden, ist nicht in allen Gesetzen enthalten[30].

Die vermehrte Zusammenarbeit der Polizeikräfte des Bundes und der Länder bedingt eine Vereinheitlichung des Schußwaffengebrauchsrechts. Werden in einem Bundesland zur Abwehr einer drohenden Gefahr für den Bestand oder die freiheitlich-demokratische Grundordnung, zur Aufrechterhaltung oder Wiederherstellung der öffentlichen Sicherheit oder Ordnung oder zur Bekämpfung von Naturkatastrophen oder besonders schweren Unglücksfällen gemäß Art. 91 Abs. 1, 35 Abs. 2 GG Einheiten des Bundesgrenzschutzes und/oder Polizeikräfte anderer Bundesländer eingesetzt, so können diese sich nicht erst mit den abweichenden landesrechtlichen Bestimmungen über den Schußwaffengebrauch vertraut machen. Andererseits birgt der Schußwaffengebrauch so viele Gefahren, daß eine genaue Kenntnis und strikte Einhaltung der Bestimmungen erforderlich ist. Je komplizierter und differenzierter die Regelungen sind, desto unvermeidlicher und wahrscheinlicher sind jedoch Verstöße.

Darüber hinaus ist es zweckmäßig, daß der Musterentwurf Vorkehrungen für Fälle trifft, die sich im Hinblick auf Ereignisse der letzten Jahre, insbesondere der Häufung von Geiselnahmen, als regelungsbedürftig erwiesen haben. Die in der tagespolitischen Diskussion geäußterte Befürchtung, daß durch eine Normierung die Mißbrauchsgefahr steige, erscheint nicht nur unbegründet, sondern widerspricht auch rechtsstaatlichen Grundsätzen. Im Rechtsstaat ist das Gesetz Maßstab und Schranke staatlicher Tätigkeit, und bedürfen wegen des Vorbehalts des Gesetzes

---

[27] § 36 Abs. 3 Nieders. SOG; § 7 Abs. 1 Nr. 3 UZwVO Nieders.

[28] § 10 Abs. 1 Nr. 1 lit. b UZwG; Art. 42 Abs. 1 Nr. 2 lit. a Bay PAG; § 40 Abs. 1 Nr. 2 lit. c Ba-Wü PolG; § 12 lit. b UZwG Bln; § 49 Abs. 1 lit. b Nr. 1 Brem. PolG; § 25 Abs. 1 Nr. 2 lit. c Hamb. SOG; § 12 Nr. 2 lit. c. UZwG NW; § 57 Abs. 1 Nr. 2 lit. c Rh.-Pf. PVG; § 232 Abs. 1 Nr. 2 lit. c Schl.-H. LVG.

[29] Art. 44 Abs. 1 Bay PAG; § 35 Abs. 2 Ba-Wü PolG; § 48 Abs. 4 Brem. PolG; § 22 Abs. 2 Hamb. SOG; § 8 Abs. 4 Satz 3 UZwVO Nieders.

[30] Es fehlt im UZwG Hess und im Nieders. SOG. Vgl. im übrigen § 12 Abs. 3 UZwG; Art. 43 Abs. 3 Bay PAG; § 9 Abs. 3 UZwG Bln.; § 48 Abs. 3 Brem PolG; § 24 Abs. 3 Hamb. SOG; § 14 Abs. 3 UZwG NW; § 58 Abs. 3 Rh.-Pf. PVG; § 233 Abs. 3 Schl.-H. LVG; § 8 Abs. 7 UZwVO Nieders.

Eingriffe in Freiheit und Eigentum des Bürgers einer gesetzlichen Ermächtigung. Wenn auch auf Verwaltungsermessen, Generalklauseln und unbestimmte Rechtsbegriffe nicht verzichtet werden kann, so müssen doch die staatlichen Eingriffe berechenbar, meßbar und vorhersehbar sein[31]. Nur wenn die Beziehungen des Bürgers zum Staat im Zeichen des Gesetzes stehen, kann der einzelne in der „Gewißheit der gesetzmäßigen Freiheit“[32] leben. Die bürgerliche Freiheit ist eher bedroht, wenn die Exekutive in Ausnahmesituationen nach der Regel „Not kennt kein Gebot“ verfährt und sich auf den dezisionistischen Grundsatz zurückzieht, wonach das Beste in der Welt ein Befehl ist[33], als wenn der parlamentarische Gesetzgeber gesetzliche Vorsorge für die Zukunft trifft und dabei die polizeilichen Zwangsbefugnisse so präzis wie möglich umschreibt. Die Gefahr eines Mißbrauchs ist niemals auszuschließen. Sie wird jedoch geringer, wenn der Schußwaffengebrauch auch für Extremsituationen spezialgesetzlich normiert ist, als wenn der Gesetzgeber schweigt und der Exekutive nur Generalklauseln an die Hand gibt.

III. Der Begriff der „Schußwaffe“ wird im Musterentwurf nicht erläutert. § 36 Abs. 4 bestimmt lediglich, daß als Waffen „Schlagstock, Pistole, Revolver, Gewehr, Maschinenpistole, Maschinengewehr und Handgranate zugelassen“ sind. Reizstoffe, die Art. 3 Abs. 4 des Bayerischen Polizeiaufgabengesetzes als Waffen ansieht, definiert der Musterentwurf in § 36 Abs. 3 als „Hilfsmittel der körperlichen Gewalt“. Damit soll nach der Amtlichen Begründung[34] der Entwicklung moderner Mittel Rechnung getragen werden, die insbesondere den Einsatz von Schußwaffen entbehrlich machen können. Aus der Formulierung „Schußwaffen und Handgranaten“ in § 39 Abs. 2 ist zu schließen, daß Handgranaten keine Schußwaffen sind. Ebenfalls zählt der Schlagstock nicht hierher, da er Schlagwaffe und nicht Schußwaffe ist. Zu den Schußwaffen als Unterfall der in § 36 Abs. 4 aufgeführten Waffen gehören somit nur Pistole, Revolver, Gewehr, Maschinenpistole und Maschinengewehr.

Der Entwurf sagt nichts darüber, ob diese Geräte stets als Schußwaffen ohne Rücksicht auf die Art der verwendeten Geschosse anzusehen sind und ob ihr Gebrauch auch dann nur unter einschränkenden Voraussetzungen zulässig ist, wenn lediglich Reiz- oder andere Wirkstoffe verschossen werden. Dieses Problem ist deshalb aktuell, weil in letzter Zeit nicht-tödliche Schußwaffen in Form von Aufprall-, Betäubungs- und

---

[31] Vgl. *BVerfGE* 9, 137 (147); *8*, 274 (325).

[32] *Wilhelm von Humboldt*, Ideen zu einem Versuch, die Grenzen der Wirksamkeit des Staates zu bestimmen, Kap. IX (Berlin o. J.), S. 116.

[33] *Carl Schmitt*, Legalität und Legitimität (München, Leipzig 1932), S. 13.

[34] Begründung zum Musterentwurf eines einheitlichen Polizeigesetzes des Bundes und der Länder (Stand 11. 6. 1976) zu § 36 Abs. 3, S. 73, abgedruckt bei *Heise* (Fußn. 14), S. 97.

Abweiswaffen sowie chemische und elektrische Paralysierungs-Geräte entwickelt wurden[35]. So kann aus einschüssigen Gewehren oder aus Schnellfeuer-Maschinenkanonen Munition mit erheblicher Aufprall-Rückwerf-Betäubungswirkung verschossen werden, die weder tödlich wirkt noch schwere Körperverletzungen herbeiführt[36]. Aus der Tatsache, daß § 36 Abs. 3 des Entwurfs „Reiz- und Betäubungsstoffe" zu den Hilfsmitteln der körperlichen Gewalt rechnet, folgt nicht ohne weiteres, daß die Geräte, mit denen diese Mittel verschossen werden, keine „Schußwaffen" im Sinne des Entwurfs sind.

Im Sinne des Waffengesetzes sind als Schußwaffen auch solche Waffen anzusehen, mit denen Reiz- und andere Wirkstoffe verschossen werden. Das ergibt sich zunächst aus § 1 Abs. 1 des Gesetzes, wonach Schußwaffen Geräte sind, „bei denen Geschosse durch einen Lauf getrieben werden"[36a]. Darüber hinaus spricht § 22 Abs. 1 Nr. 2 ausdrücklich von „Schußwaffen mit einem Patronen- oder Kartuschenlager bis 12 mm Durchmesser, die zum ... Verschießen von Reiz- oder anderen Wirkstoffen ... bestimmt sind". Im Strafrecht[37] kommt einem Gerät, mit dem Reiz- oder Betäubungsstoffe verschossen werden, die Eigenschaft als Schußwaffe zu, wenn es geeignet und bestimmt ist, Menschen auf mechanischem oder chemischem Wege körperlich zu verletzen und ein Geschoß durch Explosion oder Luftdruck aus einem Lauf in den freien Raum abgeschossen werden kann[38]. Wegen der unterschiedlichen Gesetzeszwecke des Waffenrechts und des Strafrechts kann der Begriff der Schußwaffe nicht unmittelbar für das Recht des polizeilichen Schußwaffengebrauchs herangezogen werden. Daher wäre es auch im Interesse der Normenklarheit zweckmäßig gewesen, wenn der Musterentwurf selbst eine Regelung getroffen und das Problem nicht der Gesetzesinterpretation überlassen hätte. Im Musterentwurf findet sich nur in der Amtlichen Begründung[39] der Hinweis, daß zu den Hilfsmitteln der körperlichen Gewalt auch die Geräte gehörten, die dem Abschuß von Reiz- und Betäubungsmitteln dienen. So unproblematisch, wie es nach der Begründung scheint, ist die Zuordnung indessen nicht. Denn Reiz- und Betäubungsmunition muß nicht notwendigerweise mit Schußwaffen, sondern kann auch mit anderen Geräten (z. B. Wasserwerfern) abgege-

---

[35] Vgl. hierzu *Heinz Josef Stammel* (d. i. Robert Ullmann), Mit gebremster Gewalt, 2. Aufl. (Stuttgart 1974), S. 348 ff.

[36] Vgl. *Stammel*, a.a.O., S. 354 f.

[36a] § 1 Abs. 1 des Gesetzes über Schußwaffen und Munition v. 12. 4. 1928 (RGBl. I S. 143).

[37] Vgl. §§ 244 Abs. 1 Nr. 1, 250 Abs. 1 Nr. 1 StGB.

[38] Vgl. *BGHSt 4*, 125 (127); *24*, 136 (138 ff.); *BGH* bei *Holtz*, MDR 1976, 813 l. Sp.; *Bay ObLG* NJW 1971, 392 (393 r. Sp.); *OLG Hamm* MDR 1975, 420; *Lackner/Maassen*, StGB, 6. Aufl. § 244 Anm. 3.

[39] Zu § 36 Abs. 3 am Ende.

ben werden. Gerade für die Reaktion der Betroffenen kann es einen Unterschied machen, ob Tränengas mit Wasserwerfern oder mit Gewehren ausgebracht wird. Da im letzteren Fall nach dem äußeren Eindruck nicht feststellbar ist, ob Betäubungs- oder scharfe Munition verschossen wird, sind heftige Reaktionen oder Panik bei dem Einsatz von Betäubungsgewehren nicht auszuschließen.

Dennoch ist im Ergebnis der Amtlichen Begründung zuzustimmen. Die restriktive Interpretation des Begriffs der Schußwaffe folgt aus dem Subsidiaritätsgebot des § 41 Abs. 1 Satz 1 des Entwurfs. Danach dürfen Schußwaffen nur gebraucht werden, wenn andere Maßnahmen des unmittelbaren Zwanges erfolglos angewendet sind oder offensichtlich keinen Erfolg versprechen. Demzufolge müssen zuvor körperliche Gewalt, Hilfsmittel der körperlichen Gewalt einschließlich der Reiz- und Betäubungsstoffe und Waffen, die keine Schußwaffen sind (also Schlagstöcke), eingesetzt worden sein. Weiterhin wäre es nicht einsichtig, weshalb die Polizei mit dem Schlagstock, der zu körperlichen Verletzungen führen kann, vorzugehen hätte, bevor sie Schußwaffen mit Reiz- oder Betäubungsprojektilen verwenden dürfte.

Als Schußwaffen im Sinne des Musterentwurfs sind offensichtlich nur solche Waffen zu verstehen, deren Projektile tödlich wirken oder erhebliche Körperverletzungen herbeiführen können. Diesen Schluß läßt § 41 des Entwurfs zu, wonach Schußwaffen u. a. grundsätzlich gegen noch nicht 14jährige Personen nicht gebraucht werden und außerdem nicht eingesetzt werden dürfen, wenn Unbeteiligte mit hoher Wahrscheinlichkeit gefährdet werden. Diese einschränkenden Voraussetzungen werden wegen der erheblichen Gefahren für Leib und Leben erlassen, an denen es jedoch fehlt, wenn keine scharfe Munition verschossen wird.

IV. Das Recht des polizeilichen Schußwaffengebrauchs steht traditionell unter dem strikten Grundsatz der Verhältnismäßigkeit. Bereits die Preußische Dienstinstruktion für die Gendarmerie von 1820[40] bestimmte in § 28 Abs. 2:

„Es liegt ihnen jedoch auch in diesen Fällen ob, die Waffen nur, nachdem gelinde Mittel fruchtlos angewandt sind, und nur, wenn der Widerstand so stark ist, daß er nicht anders, als mit gewaffneter Hand überwunden werden kann, und auch dann noch mit möglichster Schonung zu gebrauchen."

An dem verfassungsrechtlichen Verbot des Übermaßes sind alle Bestimmungen über den Schußwaffengebrauch zu messen. Wegen seiner unbestrittenen Geltung ist die genaue dogmatische Verortung des Verhältnismäßigkeitsprinzips hier nur von sekundärem Interesse. Richtigerweise folgt es jedoch nicht, wie vielfach behauptet wird[41], aus dem Rechts-

[40] Vom 30. 12. 1820 (Preuß. GS 1821 S. 10).

staatsgrundsatz, sondern aus dem Verhältnis von grundsätzlicher Freiheitsverbürgung und sowohl spezieller als auch exzeptioneller Beschränkungsermächtigung[42].

Im einzelnen sind es insbesondere der Grundsatz der Erforderlichkeit und der Verhältnismäßigkeit im engeren Sinne, d. h. der Angemessenheit von Eingriffsmittel und Eingriffsziel, die den polizeilichen Schußwaffengebrauch strikt begrenzen. Schußwaffen dürfen nicht verwendet werden, wenn ihr Einsatz nicht erforderlich ist, insbesondere weil ein anderes, milderes Mittel zum Erfolg führt. Aber auch wenn der Schußwaffengebrauch das einzige und damit erforderliche Mittel ist, darf wie bei allen staatlichen Eingriffen in die Freiheitssphäre die Relation von Mittel und Zweck nicht unangemessen sein. Wegen der erheblichen Gefährlichkeit des Schußwaffengebrauchs für Leben und Gesundheit der Bürger muß ein adäquates Verhältnis zum Einsatzzweck bestehen und darf der angerichtete Schaden im Verhältnis zu dem abgewendeten Schaden nicht evident unverhältnismäßig sein. Das Verhältnismäßigkeitsgebot ist in allen Polizeigesetzen des Bundes und der Länder statuiert[43] und auch im Musterentwurf vorgesehen. So enthält § 2 Abs. 1 den Grundsatz des mildesten Mittels, der ebenso eine Ausprägung des Erforderlichkeitsprinzips ist wie die Regelung des § 2 Abs. 3, wonach eine Maßnahme nur bis zur Zweckerreichung zulässig ist.

Der Verhältnismäßigkeit im engeren Sinne, der Zweck-Mittel-Relation, trägt § 2 Abs. 2 des Entwurfs Rechnung, wonach eine Maßnahme nicht zu einem Nachteil führen darf, der zu dem erstrebten Erfolg erkennbar außer Verhältnis steht.

Für die Maßnahmen des unmittelbaren Zwanges wird das Verhältnismäßigkeitsprinzip nochmals in speziellen Vorschriften konkretisiert. So ist der Erforderlichkeitsgrundsatz in § 41 Abs. 1 des Entwurfs enthalten, der insoweit dem bisherigen Recht entspricht. Danach dürfen Schußwaffen nur gebraucht werden, wenn unmittelbare körperliche Einwirkungen, Hilfsmittel der körperlichen Gewalt, insbesondere Wasserwerfer, Diensthunde, Schlagstöcke, Reiz- und Betäubungsstoffe ohne Erfolg angewendet wurden oder wegen der Art des Angriffs — z. B. mit Schußwaffen — offensichtlich keinen Erfolg versprechen. Diese Bestimmung wird in Zukunft an Bedeutung gewinnen, wenn Schußgeräte entwickelt werden, die angriffsunfähig machen, ohne den Angreifer ernstlich zu verletzen. Gegen Personen darf sich der Schußwaffengebrauch überdies nur richten, wenn derselbe Zweck nicht durch einen Einsatz gegen Sa-

[41] Vgl. *BVerfGE 17*, 306 (313 f.); 19, 342 (348 f.); *22*, 180 (220); *23*, 127 (133 f.); *25*, 44 (54); 269 (292); *26*, 215 (222); *29*, 312 (316); *30*, 1 (20); *35*, 382 (400); *BVerwGE 46*, 175 (186).

[42] Hierzu *Merten*, Rechtsstaat und Gewaltmonopol (Fußn. 7), S. 62.

[43] Vgl. in diesem Zusammenhang auch *BGHSt* NJW 1975, 1231 f.

chen erreicht werden kann, so daß im Falle des Angriffs mit einem Kraftfahrzeug zuerst auf dieses und erst dann auf den Fahrer zu schießen ist.

Die starre Regelung des § 41 Abs. 1 kann allerdings auch zu widersinnigen Ergebnissen führen. So ist ein Dienstfahrzeug als Hilfsmittel der körperlichen Gewalt gemäß § 36 Abs. 3 zunächst einzusetzen, bevor mit der Waffe geschossen werden darf. Im allgemeinen wird aber der Einsatz des Fahrzeugs den Angreifer stärker gefährden, als die Abgabe eines Schusses, der ihn angriffsunfähig macht. Weiterhin müssen Sprengmittel, die gemäß § 36 Abs. 3 Hilfsmittel der körperlichen Gewalt sind und deren Anwendung nach § 44 Abs. 4 lediglich gegen Personen untersagt ist, beispielsweise gegen entlaufene wilde Tiere zunächst verwendet werden, bevor Schußwaffen gebraucht werden dürfen. Diese nicht recht einsichtigen Konsequenzen lassen das strikte Subsidiaritätsgebot des § 41 Abs. 1 verfassungsrechtlich dann bedenklich erscheinen, wenn im konkreten Fall der Schußwaffengebrauch das mildere Mittel ist.

Das Erforderlichkeitsprinzip beherrscht auch § 41 Abs. 2 Satz 1 des Musterentwurfs, wonach in Übereinstimmung mit dem geltenden Recht Schußwaffen gegen Personen nur gebraucht werden dürfen, um angriffs- oder fluchtunfähig zu machen. Denn mit der Angriffs- oder Fluchtunfähigkeit ist die polizeiliche Gefahr beseitigt, so daß weitergehende Maßnahmen übermäßig wären. Die Limitierung des Schußwaffengebrauchs scheint zunächst einem gezielt tödlichen Schuß entgegenzustehen, auf dessen Problematik jedoch später einzugehen ist. Der Angemessenheit der Zweck-Mittel-Relation als Ausprägung des Verhältnismäßigkeitsprinzips trägt § 41 Abs. 4 Rechnung, der die Unzulässigkeit des Schußwaffengebrauchs im Falle der Gefährdung normiert. Bei erheblichen Gefahren für die Rechtsgüter Unbeteiligter rechtfertigt sich der Schußwaffengebrauch nicht, es sei denn, daß eine Lebensgefahr zu beseitigen ist (§ 41 Abs. 4 S. 2).

Auf das angemessene Verhältnis von Eingriffszweck und Eingriffsziel nimmt schließlich § 42 Rücksicht, wenn er in Nr. 1 bis 5 den Schußwaffengebrauch gegen Personen nur in bestimmten Fällen zuläßt.

§ 42 Abs. 2 untersagt ihn zur Vereitelung der Flucht oder zur Ergreifung einer Person, wenn es sich nur um den Vollzug eines Jugendarrestes oder eines Strafarrestes handelt oder wenn die Flucht aus einer offenen Anstalt verhindert werden soll.

V. Den Schußwaffengebrauch gegen Personen behandelt § 42 des Entwurfs. Diese Bestimmung ist jedoch nicht erschöpfend, da sich Regelungen auch in § 41 (Allgemeine Vorschriften für den Schußwaffengebrauch) und in § 39 (Androhung unmittelbaren Zwanges) finden.

Der Schußwaffengebrauch ist als unmittelbarer Zwang grundsätzlich anzudrohen (§ 39 Abs. 1). Hiervon kann gemäß § 39 Abs. 2 nur abgesehen werden, wenn das zur Abwehr einer gegenwärtigen Gefahr für Leib oder Leben erforderlich ist. Als Androhung des Schußwaffengebrauchs gilt gemäß § 39 Abs. 1 S. 3 auch die Abgabe eines Warnschusses.

Die Regelung, jeden Schußwaffengebrauch außer im Falle der gegenwärtigen Leibes- oder Lebensgefahr anzudrohen (§ 39 Abs. 2), ist zu weitgehend und führt zu Widersprüchen.

Sie ist zum einen zu weitgehend, weil der Schußwaffengebrauch auch anzudrohen ist, wenn er sich gegen Sachen richtet. In diesem Fall kann jedoch der mit der Androhung verfolgte Zweck der Warnung des Angreifers vielfach nicht erreicht werden. Der entlaufene Zirkuslöwe wird sich schwerlich von einer Androhung beeindrucken lassen.

Die Regelung ist zum anderen widersprüchlich. So muß einerseits auch der Warnschuß angedroht werden, weil seine Abgabe Schußwaffengebrauch ist. Andererseits gilt die Abgabe eines Warnschusses ihrerseits als Androhung des Schußwaffengebrauchs.

Die Ungereimtheiten sind nur zu beseitigen, wenn § 39 Abs. 2 lediglich auf den Schußwaffengebrauch gegen Personen bezogen wird. Dann richtet sich der Schußwaffengebrauch gegen Sachen lediglich nach § 39 Abs. 1, und außerdem entfällt die Androhung der Abgabe eines Warnschusses, weil dieser keinen Schußwaffengebrauch gegen Personen darstellt, so daß § 39 Abs. 2 dann mit Abs. 1 S. 3 harmonisiert.

Wenn § 41 Abs. 3 den Schußwaffengebrauch gegen Personen untersagt, die dem äußeren Eindruck nach nicht 14 Jahre alt sind, so trägt er der mangelnden Einsichtsfähigkeit und Schuldfähigkeit von Kindern Rechnung (vgl. § 19 StGB). Eine Ausnahme von dem Verbot besteht nur, wenn der Schußwaffengebrauch gegen Kinder das einzige Mittel zur Abwehr einer gegenwärtigen Gefahr für Leib oder Leben ist. Insoweit befindet sich das Schußwaffengebrauchsrecht mit dem geltenden strafrechtlichen und zivilrechtlichen Notwehr- und Nothilferecht in Übereinstimmung. Es wäre widersinnig, wenn dem Polizeibeamten zwar strafrechtlich und zivilrechtlich, nicht aber polizeirechtlich die Abgabe eines Schusses auf Kinder zur Abwehr einer gegenwärtigen Gefahr für Leib oder Leben gestattet wäre. Der Schußwaffengebrauch muß allerdings das einzige Mittel, muß ultima ratio der Gefahrenabwehr sein, worin wieder das Verhältnimäßigkeitsprinzip in Gestalt des Erforderlichkeitsgrundsatzes zum Ausdruck kommt.

Bedenklich ist die Begrenzung des Schußwaffengebrauchs gegen Personen für die Fälle der Abwehr einer gegenwärtigen Gefahr für Leib oder Leben oder der Verhinderung eines Verbrechens oder Vergehens, sofern letzteres unter Anwendung oder Mitführung von Schußwaffen oder Explosivmitteln begangen wird (§ 41 Abs. 1 Nr. 1 und 2). Auf diese Weise wird es der Polizei unmöglich gemacht, bei einer Vielzahl von Straftaten einzuschreiten, wenn die Anwendung anderer Mittel des unmittelbaren Zwanges wegen der Übermacht des Angreifers oder der Verwendung gefährlicher Werkzeuge (z. B. Messer) nicht möglich ist. So muß der Polizeibeamte in allen Fällen, in denen die Täter keine Schußwaffen mit sich führen oder in denen es sich nicht um ein Verbrechen handelt oder keine Leibes- oder Lebensgefahr droht, von dem Gebrauch der Schußwaffe absehen.

So können z. B. Bandendiebstähle (§ 235 StGB) oder die Beschädigung wichtiger Anlagen (§ 321 StGB) nicht wirksam bekämpft werden.

VI. Bei einem polizeilichen Vorgehen gegen Menschenmengen werden die Anforderungen nochmals verschärft, wobei der Musterentwurf keinen Schußwaffengebrauch gegen eine Menschenmenge, sondern nur gegen Personen in einer Menschenmenge kennt. Ohnehin ist gemäß § 39 Abs. 3 gegenüber einer Menschenmenge die Anwendung unmitelbaren Zwanges möglichst so rechtzeitig anzudrohen, daß sich Unbeteiligte noch entfernen können. Von der Pflicht der Androhung des Schußwaffengebrauchs gegen Personen einer Menschenmenge gibt es gemäß § 39 Abs. 3 Satz 2 keine Ausnahme, auch nicht bei gegenwärtiger Gefahr für Leib und Leben. Darüber hinaus ist die Androhung vor dem Gebrauch zu wiederholen. Diese Regelung ist nicht unbedenklich, weil bei einem unmittelbar bevorstehenden Angriff mit Schußwaffen aus einer Menschenmenge heraus wegen der Androhung, die zu wiederholen ist, unter Umständen die Leibes- oder Lebensgefahr nicht abgewehrt werden und polizeiliche Hilfe zu spät kommen kann.

Die Regelung des § 41 Abs. 4, wonach der Schußwaffengebrauch unzulässig ist, wenn Unbeteiligte mit hoher Wahrscheinlichkeit gefährdet werden, wird in § 43 Abs. 2 für den Schußwaffengebrauch gegen Personen in einer Menschenmenge wiederholt. Eine Ausnahme findet sich wiederum für den Fall, daß allein der Einsatz von Schußwaffen die Abwehr einer gegenwärtigen Lebensgefahr ermöglicht[44].

Begeht eine Menschenmenge Gewalttaten oder billigt oder unterstützt sie diese durch Handlungen, dann sind Personen in dieser Menschenmenge keine Unbeteiligten, wenn sie sich trotz wiederholter Androhung der Anwendung unmittelbaren Zwanges nicht entfernen (§ 43 Abs. 2). Daher dürfen gegen diese Personen Schußwaffen gebraucht werden, ohne daß eine gegenwärtige Lebensgefahr bestehen muß. Die Vor-

---

[44] Gesetzestechnisch wäre es zweckmäßig gewesen, in § 43 Abs. 1 auf § 41 Abs. 4 zu verweisen, statt den Wortlaut zu wiederholen.

schrift trägt dem Umstand Rechnung, daß Gewalttäter sich immer häufiger in einer Menschenmenge verbergen, und daß diese sie deckt und ihre Handlungen billigt und fördert. Da die Polizei die einzelnen Täter nicht ausmachen kann, stößt die Gefahrenabwehr auf unverhältnismäßige Schwierigkeiten, wenn hinreichende Anhaltspunkte für eine unmittelbare Lebensgefahr fehlen. Andererseits können erhebliche Gefahren für die Gesundheit der Polizeibeamten oder anderer Personen nicht hingenommen werden, nur weil Täter nicht einzeln, sondern in der Anonymität einer Menschenmenge auftreten, deren Schutz mitunter zu besonders schweren Angriffen verleitet.

VII. Als besondere Waffen bezeichnet § 44 Maschinengewehre und Handgranaten, so daß Maschinengewehre aus der Gruppe der Schußwaffen herausfallen. Maschinengewehre und Handgranaten dürfen von vornherein gegen Personen nur gebraucht werden, um gegenwärtige Gefahren für Leib oder Leben abzuwehren, die Begehung eines Verbrechens oder eines Vergehens unter Mitwirkung von Schußwaffen und Explosivmitteln zu verhindern oder die gewaltsame Befreiung einer Person aus amtlichem Gewahrsam unmöglich zu machen. Außerdem setzt der Gebrauch voraus, daß die Personen ihrerseits zunächst Schußwaffen, Handgranaten oder ähnliche Explosivmittel benutzt haben und der vorherige Gebrauch anderer Schußwaffen durch die Polizei erfolglos geblieben ist. Alleiniges Ziel des Gebrauchs darf es sein, die Täter angriffsunfähig, nicht aber sie fluchtunfähig zu machen. Darüber hinaus dürfen die besonderen Waffen nur mit Zustimmung des Innenministers (bzw. des Innensenators) oder eines von ihm im Einzelfall Beauftragten angewendet werden.

Damit entspricht die Vorschrift des Musterentwurfs denjenigen landesrechtlichen Regelungen, die den Einsatz besonderer Waffen von der Freigabe durch die Landesregierung (bzw. den Senat) abhängig machen[45] oder die Billigung des zuständigen Ministers (bzw. Senators) oder eines von ihm Beauftragten fordern[46].

Aus rechtsstaatlichen Gründen ist diese Klausel nicht erforderlich, da dem Gebot des Vorbehalts des Gesetzes genügt wird, wenn das Schußwaffengebrauchsrecht die genauen Voraussetzungen aufführt, unter denen besondere Waffen gegen Personen angewendet werden dürfen. Auch der Vorrang des Gesetzes, die Verpflichtung aller Staatsgewalten auf das Gesetz, wird nicht dadurch effektiver, daß der Minister statt der zuständigen Polizeibeamten über das Vorliegen der gesetzlichen Voraussetzungen entscheidet, zumal er in der Regel ohnehin auf die Berichte der am Tatort anwesenden Polizeibeamten angewiesen ist.

---

[45] § 27 Abs. 2 Hamb. SOG; § 236 Abs. 2 Schl.-H. LVG.

[46] § 18 Abs. 2 UZwG Bln; § 60 Abs. 2 Rh.-Pf. PVG.

Der Vorbehalt einer ministeriellen Entscheidung ist schließlich nicht wegen des Demokratieprinzips oder des Grundsatzes der parlamentarischen Verantwortlichkeit geboten. Dem Demokratieprinzip wird bereits dadurch entsprochen, daß an der Spitze der Exekutive ein demokratisch gewählter, unmittelbar oder mittelbar vom Parlament bestellter und diesem verantwortlicher Minister steht, dem eine Weisungsbefugnis gegenüber nachgeordneten Behörden zusteht und der für ihre Handlungen (und Fehlschläge!) die politische Verantwortung trägt. Die parlamentarische Verantwortlichkeit des Ministers, die im übrigen nach dem Grundgesetz und vielen Landesverfassungen ohnehin imperfekt ist, würde verkannt werden, wenn der Minister nur für diejenigen Entscheidungen politisch einzustehen hätte, die er selbst getroffen hat. Zudem ist der Vorbehalt bedenklich, weil nicht auszuschließen ist, daß der Einsatz der besonderen Waffen aus sachfremden Gründen (z. B. wegen bevorstehender Wahlen) verweigert und damit Leben und Gesundheit der Polizeibeamten oder Dritter in unverantwortlicher Weise gefährdet werden. Für eine wirksame Bekämpfung von Terrorismus und Anarchismus und insbesondere in den Fällen, in denen Angreifer selbst Maschinengewehre oder Handgranaten einsetzen, muß die Polizei adäquat reagieren können.

Im Unterschied zu den Regelungen in Berlin, Hamburg, Rheinland-Pfalz, Saarland und Schleswig-Holstein[47], die den Einsatz besonderer Waffen nur bei Gefährdung der freiheitlich-demokratischen Grundordnung zulassen, sieht der Musterentwurf zu Recht von dieser Voraussetzung ab, da die öffentliche Sicherheit in gravierender Weise beeinträchtigt werden kann, ohne daß gleichzeitig eine Gefährdung der freiheitlich-demokratischen Grundordnung vorliegen muß.

VIII. Die umstrittenste Regelung des Musterentwurfs ist der Todesschuß, an dem sich eine oftmals eher emotionale als rationale Diskussion entzündet.

Im Entwurf von 1974 hieß es in § 41 Abs. 2 Satz 2:

„Dabei ist ein gezielt tödlicher Schuß nur zulässig, wenn er das einzige Mittel zur Abwehr einer gegenwärtigen Lebensgefahr ist."

Demgegenüber sah der Entwurf von 1975 vor:

„Dabei ist ein gezielt tödlicher Schuß nur zulässig, wenn er das einzige Mittel zur Abwehr einer gegenwärtigen Gefahr für Leib oder Leben ist."

Nunmehr lautet § 41 Abs. 2 Satz 2 des Musterentwurfs:

„Ein Schuß, der mit an Sicherheit grenzender Wahrscheinlichkeit tödlich wirken wird, ist nur zulässig, wenn er das einzige Mittel zur Abwehr einer gegenwärtigen Lebensgefahr oder der gegenwärtigen Gefahr einer schwerwiegenden Verletzung der körperlichen Unversehrtheit ist."

---

[47] § 18 Abs. 1 UZwG Bln.; § 27 Abs. 1 Hamb. SOG; § 60 Abs. 1 Rh.-Pf. PVG; § 13 Abs. 1 UZwG Saarl.; § 236 Abs. 1 Schl.-H. LVG.

Die Umschreibung der gegenwärtigen Leibesgefahr als einer „gegenwärtigen Gefahr einer schwerwiegenden Verletzung der körperlichen Unversehrtheit" ist nicht nur umständlich und sprachlich unschön. Auch im Interesse einer einheitlichen Terminologie hätte man es bei dem in § 41 Abs. 3 gebrauchten Begriff der Gefahr für „Leib oder Leben" belassen können. Vorsichtig und sprachlich wenig prägnant wird der Todesschuß umschrieben. Sprach der Entwurf früher von einem „gezielt tödlichen Schuß", so ist nun von einem Schuß die Rede, „der mit an Sicherheit grenzender Wahrscheinlichkeit sofort tödlich wirkt oder tödlich wirken soll".

Auffällig ist, daß der Todesschuß gleichsam entpersönlicht wird. Während an anderen Stellen des Entwurfs wiederholt der Polizeibeamte erwähnt wird, der unmittelbaren Zwang anwendet oder Schußwaffen gebraucht, abstrahiert § 41 Abs. 2, indem er die Zulässigkeit des Todesschusses regelt, ohne die handelnde Person zu erwähnen. Richtigerweise kann nicht der Schuß, sondern nur die Abgabe des Schusses zulässig oder rechtmäßig sein.

Mit sprachlichen oder stilistischen Mitteln kann sich der Gesetzgeber seiner Verantwortung nicht entziehen. Hält er den Todesschuß für zulässig und geboten, so muß er es im Rechtsstaat mit aller Klarheit, Nüchternheit und Eindringlichkeit sagen. Wegen des Vorbehalts des Gesetzes darf das Problem nicht vernebelt und seine Lösung der Exekutive zugeschoben werden. Insbesondere ist die Notwendigkeit einer Regelung des Todesschusses nicht mit dem Argument zu verneinen, daß die Herbeiführung sofortiger Bewußtlosigkeit und totaler Handlungsunfähigkeit ausreiche und es genüge, daß sich der Eventualvorsatz des Schützen auf den Tod des Angreifers beziehe[48]. Der Fehler dieser Gedankenführung wird schon daran deutlich, daß vorsätzlich auch handelt, wer mit dolus eventualis vorgeht.

Für die Entscheidung des Gesetzgebers ist es erheblich, ob der gezielt tödliche Schuß bereits nach geltendem Recht zulässig ist und welche verfassungsrechtlichen Fragen seine Normierung aufwirft.

1. Von vornherein begrenzt der polizeirechtliche Verhältnismäßigkeitsgrundsatz, insbesondere in der Ausprägung des Erforderlichkeitsprinzips die Abgabe eines Todesschusses auf seltene Ausnahmefälle. Nur wenn alle anderen Möglichkeiten der Gefahrenabwehr ausscheiden, wenn keine andere Art des Schußwaffengebrauchs erfolgreich sein kann, kommt ein gezielt tödlicher Schuß in Betracht. Dann allerdings kann die Zulässigkeit des Schießens nicht mit dem begriffsjuristischen Argument abgelehnt werden, die Polizei dürfe den Täter nur „angriffsunfähig"

---

[48] So aber *Rupprecht*, JZ 1973 S. 265 r. Sp. sub b.

(oder „fluchtunfähig") machen und daraus folge, daß der Täter am Leben bleiben müsse und nicht getötet werden dürfe. Dem kann schon entgegengehalten werden, daß begrifflich die Tötung die stärkste und intensivste Form der Abwehr des Angriffs darstellt und daß der getötete Angreifer auch angriffsunfähig ist. Weiterhin kann eine Beschränkung des Schußwaffengebrauchs nicht das Ziel verfolgen, der Polizei die Möglichkeit einer Gefahrenabwehr in Extremsituationen zu nehmen. Der Grundsatz, wonach die Polizei jemanden nur angriffs- oder fluchtunfähig machen dürfe, stellt lediglich eine Ausprägung des Prinzips des mildesten Mittels dar. Im allgemeinen reicht gerade im Fall des Schußwaffengebrauchs eine Körperverletzung aus, um den Täter an der Fortsetzung des Angriffs oder der Flucht zu hindern. Mehr darf die Polizei nicht tun, insbesondere darf sie nicht zur Abwehr eines Angriffs einschreiten, wenn die Tat vollendet ist oder der Täter ihre Ausführung aufgegeben hat. Ihr Auftrag der Gefahrenabwehr kann aber durch Regelungen des Schußwaffengebrauchs nicht mit der Folge ausgeschlossen sein, daß sie gerade bei erheblichen Gefahren für die bedeutendsten Rechtsgüter am Eingreifen gehindert sein soll. Im übrigen würde eine teleologisch nicht verständliche Reduktion des Begriffs der „Angriffsunfähigkeit" zu dem widersinnigen Ergebnis führen, daß die Polizei in Extremsituationen einen Täter zwar durch körperliche Gewalt (z. B. einen Karate-Schlag), durch Hilfsmittel der körperlichen Gewalt (z. B. ein Dienstfahrzeug) oder Waffen (z. B. durch Schlagstock), nicht aber durch Schußwaffen töten darf, weil nur für die letzteren die erwähnte Beschränkung besteht. Bei der strafrechtlichen Notwehr nach § 32 StGB als der erforderlichen Verteidigung zur Abwehr eines gegenwärtigen rechtswidrigen Angriffs ist die Berechtigung zur Tötung des Angreifers anerkannt, wenn diese nicht in einem unerträglichen Mißverhältnis zum geschützten Rechtsgut steht. Zu Recht geht daher die Amtliche Begründung[49] davon aus, daß der herkömmliche Begriff „Angriffsunfähigmachen" grundsätzlich auch die Tötung des Angreifers umfaßt, wenn der Angriff nach Lage des Falles — insbesondere wegen seiner Intensität — anders nicht abgewehrt werden kann. Damit berechtigen auch die bisherigen polizeirechtlichen Vorschriften trotz des Fehlens einer Spezialregelung im äußersten Falle zur Abgabe eines gezielt tödlichen Schusses.

---

[49] Zu § 41 Abs. 2 S. 78, abgedruckt bei *Heise* (Fußn. 14), S. 106; Ebenso *Drews/Wacke/Vogel/Martens*, Gefahrenabwehr, 8. Aufl. (Köln, Berlin, Bonn, München 1975), S. 333; *Krey/Meyer*, ZRP 1973, S. 3 sub II 1; *Schwabe*, JZ 1974, 634 (637 f.); *Rupprecht*, Festschrift für Willi Geiger zum 65. Geburtstag (Tübingen 1974), S. 781 (785 f.); *ders.*, JZ 1973, 263 (265); *W. Lange*, MDR 1974, 357 (358); *v. Winterfeld*, NJW 1972, S. 1883 sub 3 r. Sp.; a. A. *Krüger*, Polizeilicher Schutzwaffengebrauch (Stuttgart, München, Hannover 1971), S. 26; *Kinnen*, MDR 1974, S. 631 l. Sp., der sich unter Mißverständnis einiger Literaturstellen auf eine „herrschende Meinung" beruft. Vgl. ferner *Doehring*, Das Staatsrecht der Bundesrepublik Deutschland (Frankfurt 1976), S. 273 f.

Unbeschadet dessen enthalten fast alle Polizeigesetze Bestimmungen, die das Recht zum Gebrauch von Schußwaffen auf Grund anderer gesetzlicher Vorschriften unangetastet lassen oder die ausdrücklich oder sinngemäß vorsehen, daß die Vorschriften über Notwehr (oder Notstand) unberührt bleiben[50].

Sinn und Tragweite dieser Regelungen sind umstritten. Da bereits von Verfassungs wegen eine Landes-Polizeinorm nicht einer Vorschrift des Bundes-Strafgesetzes derogieren kann und dem Gesetzgeber dies bekannt ist, würde das Anliegen dieser Vorschriften verkannt werden, wenn man in ihnen lediglich einen klarstellenden Hinweis erblickte.

Eine teleologische Interpretation muß diesen „Notrechtsvorbehalten"[51] eine Funktion zuweisen, die über die — von Bundesrechts wegen ohnehin bestehende — Straflosigkeit des handelnden Polizeibeamten hinausgeht. Daher ist *Blei* nicht zuzustimmen, der die Bedeutung der Notrechtsvorbehalte in dem Recht des Polizeibeamten zur Selbstverteidigung unter Notwehrvoraussetzungen sieht[52]. Nach dieser Ansicht dürfte der Polizeibeamte sich selbst, nicht aber einen hilflosen Kameraden oder einen Zivilisten in derselben Situation verteidigen. Sinnvoll sind die Notrechtsvorbehalte des geltenden Rechts nur, wenn sie ein Einschreiten in Notwehr- und Nothilfesituationen — auch durch Schußwaffengebrauch — *polizeirechtlich* gestatten. So hält *Schwabe* zu Recht diese Vorbehalte des Polizeirechts für erforderlich, weil sie die polizeirechtlichen Bestimmungen über den Schußwaffengebrauch erweitern[53]. *Blei*[54] irrt mit seiner Argumentation, man könne dem Polizeibeamten nicht zugestehen, „überall da, wo seine Befugnisse durch die Vorschriften des Polizeirechts begrenzt sind, durch eine bloße Mentalreservation gleichsam die Uniform auszuziehen und dann ‚als Privatmann' das zu tun, was zu tun ihm als Polizeibeamten versagt ist". Er geht von der unrichtigen Vorstellung aus, daß der im Dienst befindliche, hoheitlich handelnde Polizeibeamte „als Privatmann" tätig wird oder tätig werden kann, wenn er in Notwehr oder Nothilfe handelt.

2. Bei der verfassungsrechtlichen Prüfung der beabsichtigten Regelung des Todesschusses erscheint es symptomatisch und dürfte ein Zeichen für die verschwommenen Humanitätsvorstellungen der heutigen Zeit sein, daß im Vordergrund in der Regel die Grundrechte und Rechts-

---

[50] Art. 42 Abs. 4 BayPAG; § 40 Abs. 2 Ba-Wü PolG; § 8 Abs. 4 UZwG Bln.; § 49 Abs. 3 Brem. PolG; § 25 Abs. 2 Hamb. SOG; § 3 Abs. 2 UZwG Hess.; § 17 UZwG NRW; § 57 Abs. 3 Rh.-Pf. PVG; vgl. ferner § 7 Abs. 1 Nr. 1 UZwVO Nieders.

[51] Dieser Ausdruck stammt von *Blei*, JZ 1955, S. 626 l. Sp.

[52] S. 626 l. Sp. sub I B 1 a.

[53] JZ 1974, S. 634 ff., insbes. S. 638.

[54] a.a.O., S. 626.

güter des *Angreifers* stehen. Sicherlich hat der Musterentwurf in jeder Hinsicht verfassungskonform zu sein, und selbstverständlich macht die Tat des Angreifers die Beachtung seiner Grundrechte nicht entbehrlich. Anlaß eines gezielt tödlichen Schusses ist aber stets der Angriff auf bedeutende Rechtsgüter Unbeteiligter oder der Polizeibeamten. Deren Grundrechte sollten daher Ausgangspunkt jeder Untersuchung sein.

a) Das Recht auf Leben und körperliche Unversehrtheit (Art. 2 Abs. 2 S. 1 GG) ist zunächst als objektives Verfassungsrecht von allen Staatsgewalten zu beachten. Ein Angriff auf diese Rechtsgüter stellt eine Gefahr für die öffentliche Sicherheit im Sinne der polizeilichen Generalklausel dar. Teilweise wird der Polizei der Schutz der Verfassung sogar ausdrücklich aufgegeben. Art. 99 der bayerischen Verfassung bestimmt, daß „die Verfassung ... dem Schutz und dem geistigen und leiblichen Wohl aller Einwohner" dient, und sieht vor, daß „ihr Schutz gegen Angriffe von außen ... durch das Völkerrecht, nach innen durch die Gesetze, die Rechtspflege und die Polizei" gewährleistet ist[55]. Allerdings verpflichten die Grundrechte wegen der in der Regel fehlenden unmittelbaren Drittwirkung nicht die Bürger, sondern richten sich nur an den Staat. Dessen Pflicht ist es zunächst, unmittelbar staatliche Eingriffe in die Schutzgüter zu unterlassen. Bei den für das Individuum essentiellen Rechtsgütern des Lebens und der körperlichen Unversehrtheit erstreckt sich das Bewahrungsgebot des Staates jedoch auch darauf, rechtswidrige Übergriffe Dritter abzuwehren. So hat das *Bundesverfassungsgericht*[56] hervorgehoben, daß das Recht auf Leben „als vitale Basis der Menschenwürde und die Voraussetzung aller anderen Grundrechte" es dem Staat gebietet, „sich schützend und fördernd vor dieses Leben zu stellen, das heißt vor allem, es auch vor rechtswidrigen Eingriffen von seiten anderer zu bewahren", wozu das Gericht auch das Mittel strafrechtlicher Sanktionen rechnet[57].

Ob der objektiven Schutzpflicht des Staates ein subjektives Grundrecht des Bürgers entspricht, ist schwieriger zu beantworten. Aus grundrechtlichen Abwehransprüchen folgen grundsätzlich keine Leistungsrechte des Bürgers, und entsprechende Uminterpretationen sind verfassungsrechtlich nicht unbedenklich. Wenn aber aus Art. 2 Abs. 2 in Verbindung mit dem Sozialstaatsprinzip über die negatorischen Abwehrrechte hinaus dem einzelnen ein positives Recht auf Gewährung lebensessentieller Mindestgüter zugesprochen wird[58], ist es nur konsequent, aus

---

[55] Zur Interpretation dieser Vorschrift vgl. *Meder*, JöR N.F. Bd. 24, S. 527 f. mit Nachweisen; ferner *dens.*, Die Verfassung des Freistaates Bayern, Handkommentar, Art. 99 Rdnr. 6.

[56] *E 39*, 1 (42 sub II 1).

[57] a.a.O., S. 45 ff. sub III 2.

[58] Vgl. Maunz/*Dürig*/Herzog, GG, Art. 2 Abs. 2 sub III 1c, S. 92 f., Rdnr. 26 f.; *BVerwGE 1*, 159 (162).

diesem Grundrecht in Verbindung mit dem Rechtsstaatsprinzip zu folgern, daß dem einzelnen gegen den Staat ein Anspruch auf ein Mindestmaß an Schutz vor rechtswidrigen Übergriffen Dritter zusteht[59].

Die Verfassungsentscheidung wirkt sich auch auf das polizeiliche Opportunitätsprinzip[60] aus und begründet eine Pflicht der Polizei zum Einschreiten, wenn Leben, Gesundheit und Freiheit des Bürgers durch Gewalttätigkeiten oder vom Strafgesetz als gefährlich angesehene Delikte bedroht werden[61].

b) Prüft man die verfassungsrechtlich geschützten Rechtsgüter des Angreifers, so ist in diesem Kreise auf Art. 102 GG nicht ausführlich einzugehen. Bei dem verfassungsrechtlichen Verbot der Verhängung der Todesstrafe ist „Strafe“ als terminus technicus zu verstehen und meint die staatliche Sanktion für eine begangene Tat. Die Vorschrift darf nicht dahin verbogen werden, daß das Grundgesetz jegliche Tötung eines Menschen — z. B. auch im Falle der Notwehr — mißbilligt. Geradezu makaber wäre eine juristische Argumentation, die darauf hinwiese, daß der Staat bei vollendeter Tötung gegen den Täter nicht die Todesstrafe verhängen und aus diesem Grunde gegen ihn auch nicht mit einem gezielt tödlichen Schuß vorgehen dürfe, wenn er dabei sei, Leben, Gesundheit oder Freiheit eines Bürgers zu gefährden.

Verfassungsrechtlich ist der Todesschuß an Art. 2 Abs. 2 Satz 1 GG zu messen. Dieses Grundrecht enthält zwar einen unlimitierten Schrankenvorbehalt. Trotz des Fehlens einer ausdrücklichen Beschränkung ist jedoch jeder Grundrechtseingriff insbesondere an der Schrankenschranke des Verhältnismäßigkeitsgebots zu messen. Dem Erforderlichkeitsprinzip wird der Musterentwurf dadurch gerecht, daß er den gezielt tödlichen Schuß nur als ultima ratio für den Fall vorsieht, daß keine anderen Mittel der Gefahrenabwehr zur Verfügung stehen. Teilweise wird bestritten, daß die Zweck-Mittel-Relation gewahrt ist, weil der angerichtete Schaden angeblich im Vergleich zu der abgewendeten Gefahr unverhältnismäßig sei.

Das Verhältnismäßigkeitsprinzip darf nun nicht dahin mißverstanden werden, daß eine Gleichwertigkeit oder Gleichrangigkeit der verletzten

[59] *Merten*, Rechtsstaat und Gewaltmonopol (Fußn. 7), S. 65 f.

[60] Vgl. *Drews/Wacke/Vogel/Martens*, Gefahrenabwehr (Fußn. 49) § 6, Nr. 8, S. 162 ff.; *Friauf* in: Besonderes Verwaltungsrecht (hrsg. von I. v. Münch), 4. Aufl. (Berlin, New York 1976), S. 183 ff.; *Götz*, Allgemeines Polizei- und Ordnungsrecht, 3. Aufl. (Göttingen 1975), S. 72 ff. Hierzu auch die Referate von *Erichsen*, und *Knemeyer*, „Der Schutz der Allgemeinheit und der individuellen Rechte durch die polizei- und ordnungsrechtlichen Handlungsvollmachten der Exekutive“ auf der Staatsrechtslehrertagung 1976 (VVDStRL H. 35) insbes. die Leitsätze 19 von *Erichsen* und 5 und 14 von *Knemeyer* (abgedruckt in: BayVBl. 1976, 684).

[61] Vgl. *Ule*, Streik und Polizei (Köln, Berlin, Bonn, München 1972), S. 68 ff.

Rechtsgüter des Angreifers einerseits und der zu verteidigenden Freiheiten des Opfers andererseits geboten ist[62]. Nur grob unverhältnismäßige Eingriffe, beispielsweise ein Todesschuß zur Abwehr eines Angriffs auf geringwertige Sachgüter, sind ausgeschlossen.

Das Verhältnismäßigkeitsprinzip darf nicht mit dem Güterabwägungsprinzip verwechselt werden, wie es der Lehre vom rechtfertigenden übergesetzlichen Notstand zugrunde liegt[63]. Danach handelt nicht rechtswidrig, wer in einer gegenwärtigen Gefahr für Leben, Leib, Freiheit, Ehre, Eigentum oder ein anderes Rechtsgut eine Tat begeht, um die Gefahr von sich oder einem anderen abzuwenden, wenn bei Abwägung der widerstreitenden Interessen, namentlich der betroffenen Rechtsgüter und des Grades der ihnen drohenden Gefahren, das geschützte Interesse das beeinträchtigte wesentlich überwiegt[64].

Während es hier auf das wesentliche Überwiegen ankommt, geht es beim Verhältnismäßigkeitsprinzip um eine evidente Unverhältnismäßigkeit. Diese zulässige und gebotene Differenzierung ist darin begründet, daß beim rechtfertigenden Notstand von den betroffenen Rechtsgütern keine Rechtsmißachtung ausgeht. Dagegen gefährdet der Rechtsbrecher, auf den ein gezielt tödlicher Schuß abgegeben werden darf, fundamentale Rechte anderer und die Rechtsordnung als solche.

Die Regelung des Musterentwurfs übersteigt weiterhin nicht die Schrankenschranke des Art. 19 Abs. 2 GG und tastet den Wesensgehalt des Art. 2 Abs. 2 nicht an. Zwar verliert für den Angreifer das Grundrecht auf Leben sein Substrat, wenn er durch einen polizeilichen Todesschuß getötet wird. Bei der Verletzung des Wesensgehalts ist jedoch nicht vom Individualfall auszugehen, sondern zu prüfen, was von dem Grundrecht nach der Einschränkung generell übrig bleibt[65].

Der Todesschuß verletzt schließlich nicht die Menschenwürde. Die Tötung allein ist nicht menschenunwürdig, was auch der Supreme Court für die Todesstrafe festgestellt hat. Art. 1 könnte nur eingreifen, wenn der Todesschuß einen menschenunwürdigen Tod herbeiführen oder menschenunwürdige Leiden verursachen würde, was nicht der Fall ist.

---

[62] Für § 53 StGB a. F. und § 227 BGB weist der *BGH* (NJW 1976, 41) ausdrücklich darauf hin, daß „die Verteidigung mit der Schußwaffe nicht nur dann gerechtfertigt (ist), wenn das Leben des Angegriffenen bedroht ist ... Grundsätzlich darf ein rechtswidrig Angegriffener ... dasjenige für ihn erreichbare Abwehrmittel wählen, das eine sofortige und endgültige Beseitigung der Gefahr mit Sicherheit erwarten läßt".

[63] Vgl. hierzu statt aller *Schönke/Schröder*, StGB, 17. Aufl. (München 1974), Vorbem. 50 ff. vor § 51.

[64] Vgl. nunmehr § 34 StGB.

[65] *BVerfGE 2*, 266 (285); vgl. ferner *Erichsen*, NJW 1976, 1722 ff.

3. Als Mangel des Musterentwurfs ist gerügt worden, daß der gezielt tödliche Schuß nicht zur Abwehr schwerwiegender Gefahren für Freiheit und Eigentum zugelassen wird.

a) Im Falle des Eigentumsschutzes würde eine solche Regelung mit der Menschenrechtskonvention kollidieren. Nach deren Art. 2 Abs. 2 lit. a wird eine Tötung nur dann nicht als Verletzung des grundsätzlich verbürgten Rechts jedes Menschen auf Leben betrachtet, wenn sie sich aus einer erforderlichen Gewaltanwendung ergibt, u. a. um die Verteidigung eines Menschen gegenüber rechtswidriger Gewalt sicherzustellen. Über das Verhältnis dieser Bestimmung zum Notwehrrecht besteht keine Einigkeit. Selbst wenn man die Geltung des Art. 2 Abs. 2 MRK auf die Staat-Bürger-Beziehungen beschränkt, bleibt er für das Polizeirecht anwendbar. Wegen ihres einfach-gesetzlichen Ranges könnte der Menschenrechtskonvention zwar durch spätere Bundes- (nicht Landes-)gesetze derogiert werden. In diesem Falle würde die Bundesrepublik jedoch völkerrechtliche Vertragspflichten verletzen.

Das Ergebnis ist nicht unproblematisch, weil der Musterentwurf in Zukunft die wirksame Abwehr von Angriffen z. B. auf lebenswichtige Versorgungsanlagen durch Sabotage erschweren kann.

b) Bedenklich ist der Entwurf insoweit, als er die Abgabe eines gezielt tödlichen Schusses nicht zum Schutze der Freiheit zuläßt, z. B. um eine Menschenverschleppung, eine Kindesentführung oder das Verbringen eines Bürgers in einen anderen Staat zu verhindern.

Nach bisherigem Recht durfte in diesen Fällen als letztes Mittel zur Gefahrenabwehr der Todesschuß abgegeben werden. Auch zukünftig bleibt der Bürger, der dann Notwehr oder Nothilfe übt, straflos, während der Polizeibeamte nicht einschreiten darf.

Zwar müssen strafrechtliche und polizeirechtliche Regelungen nicht immer identisch sein. So kann der Gesetzgeber dem geschulten und ausgebildeten Exekutivbeamten ein höheres Maß an Einsatzfreudigkeit und Risikobereitschaft als dem Bürger abverlangen.

Im allgemeinen wird der Polizeibeamte auch bei der Abwehr mit geringeren Eingriffen in die körperliche Unversehrheit des Angreifers auskommen, als der in Gefahrenlagen ungeübte Privatmann. Da der gezielt tödliche Schuß jedoch ohnehin nur als letztes Mittel zugelassen ist, überzeugt es nicht, der Polizei in Extremfällen diese Möglichkeit der Gefahrenabwehr zu verbieten, wenn sie dem Bürger zusteht. Dabei ist zu berücksichtigen, daß dem Bürger die Privatgewalt weitgehend genommen und er an einer wirksamen Verteidigung, z. B. durch die Vorschriften des Waffenrechts, gehindert wird. Zum Ausgleich hierfür muß jedoch der Staat einen effektiven Schutz der Rechtsgüter sicherstellen und darf den Einsatz der Polizei nicht in Fällen unterbinden, in denen sowohl strafrechtlich als auch polizeirechtlich erhebliche Rechtsgüter des Bürgers rechtswidrig bedroht werden.

4. Die tagespolitischen Auseinandersetzungen haben sich der Frage zugewandt, ob der Polizeibeamte zur Abgabe eines Todesschusses verpflichtet werden soll. Nach Art. 37 Abs. 1 des Entwurfs hat der Polizeibeamte unmittelbaren Zwang anzuwenden, der von einem Weisungsberechtigten angeordnet wird. Diese Vorschrift ist unvollständig, weil es aus Gründen der Schußdisziplin auch erforderlich sein kann, daß Polizeibeamte, um einen Erfolg nicht vorzeitig zu gefährden, erst auf einen Befehl hin unmittelbaren Zwang anwenden. Ein sinnvoller Polizeieinsatz erfordert immer, daß die Anordnungen des Weisungsberechtigten über die Anwendung unmittelbaren Zwanges befolgt werden. Dies gilt erst recht für die Abgabe gezielt tödlicher Schüsse zur Abwehr gegenwärtiger Gefahren für essentielle Rechtsgüter, weil in diesen Fällen ein eigenmächtiges Vorgehen den Erfolg vereiteln würde. Wegen der Situation am Einsatzort und der Zahl der verfügbaren Präzisionsschützen wird im allgemeinen das Gelingen des Einsatzplanes davon abhängen, daß dem Einsatzbefehl exakt nachgekommen wird. Gerade in solchen Ausnahmesituationen kann der Schußwaffengebrauch nicht der jeweiligen Gewissensentscheidung des Polizeibeamten überlassen werden. Die Sonderregelung des Art. 4 Abs. 3 GG ist wegen der andersartigen Ausgangssituation für die Abgabe eines gezielt tödlichen Schusses nicht übertragbar. Wer den Schußwaffengebrauch ablehnt, darf nicht Polizist werden. In Extremsituationen kann sich der Staat wegen seiner Pflicht zum Schutze der vitalen und fundamentalen Güter seiner Bürger den Luxus von Gewissensentscheidungen der Polizeibeamten nicht leisten.

Aussprache zu dem Referat von Detlef Merten

Polizeirat *Lutz*, Koblenz, stimmte den Ausführungen des Referenten zur Schußdisziplin zu und sprach unter Hinweis auf abweichende Auffassungen das Problem des Einsatzes von Handgranaten und Maschinenpistolen an. Prof. *Merten* hielt es für unschlüssig, Handgranaten und Maschinenpistolen den Charakter von Polizeiwaffen abzusprechen und mit dieser Begründung ihre Anwendung für unzulässig zu halten. Er wies darauf hin, daß es keinen materiellen, sondern nur einen formellen Begriff der Polizeiwaffe gebe: Polizeiwaffen seien diejenigen Waffen, mit denen die Polizei ausgerüstet werde. Auch aus dem Verhältnismäßigkeitsgrundsatz folge nicht die grundsätzliche Unzulässigkeit des Einsatzes dieser besonderen Waffen. Allerdings beschränke dieses Prinzip die Anwendung wegen der damit verbundenen erheblichen Gefahren. Daher enthalte der Musterentwurf insoweit auch Spezialregelungen. Wichtig sei insbesondere, daß Gefahren für Unbeteiligte vermieden würden, was jedoch durch § 44 des Musterentwurfs sichergestellt zu sein scheine. Im übrigen erfordere der Entwurf, daß zunächst die Angreifer von Schußwaffen, Handgranaten oder ähnlichen Explosivmitteln Gebrauch gemacht hätten. Unter dieser Voraussetzung sei aber sowohl im Interesse der Bürger als auch der Polizeibeamten der Gebrauch besonderer Waffen gerechtfertigt und erforderlich, da die Polizei nicht schlechter als die Angreifer bewaffnet sein und nicht von vornherein in einen aussichtslosen Kampf geschickt werden dürfte. In diesem Zusammenhang sei zu beachten, daß Verbrecher häufiger als früher mit schweren Waffen ausgerüstet seien. Prof. *Ule* erinnerte daran, daß das Thema schon vor 15 Jahren diskutiert worden sei und daß er in einem auch veröffentlichten Gutachten für die Gewerkschaft der Polizei eine andere Auffassung vertreten habe, an der er jedoch nicht mehr festhalte. In den früheren Erörterungen sei eine substantielle Unterscheidung zwischen Polizei und Streitkräften für möglich erachtet und aus diesem Grunde eine Beschränkung der Polizei auf bestimmte Waffen gefordert worden. *Ule* billigte die Regelung des Musterentwurfs über den gezielt tödlichen Schuß, machte aber verfassungsrechtliche Bedenken für den Fall geltend, daß der Angriff auf Sachen in die Bestimmung einbezogen werden würde. Er widersprach der These des Referenten, wonach der Begriff der Angriffsunfähigkeit unter Umständen auch die Tötung des Angreifers umfasse. Nach Auffassung *Ules* stellt die Befugnis, den Täter angriffs- oder fluchtunfähig zu machen, ein Minus gegenüber der Tötung dar. Von diesem Standpunkt aus bezweifelte *Ule*, daß es waffentechnisch möglich sei, bei Einsatz von Maschinengewehren oder Handgranaten den Täter lediglich „angriffsunfähig" zu machen, wie es in § 44 Abs. 2 Satz 1 des Musterentwurfs vorgesehen sei. Prof. *Merten* nahm diese Formulierung als Indiz für die Richtigkeit seiner Interpretation in Anspruch, wonach als letzter Ausweg, den Täter angriffsunfähig zu machen, nur seine Tötung verbleibe.

Polizeihauptkommissar *Bernhardt*, Frankfurt, bestritt, daß das geltende Polizeirecht die Möglichkeit einräume, einen Todesschuß abzugeben, und wies auf §§ 5 und 6 des Hessischen Gesetzes über die Anwendung unmittelbaren Zwanges hin. Professor *Ule* erinnerte nochmals daran, daß in der früheren Diskussion, die in der Notstandsdebatte aufgenommen worden sei, aus dem Wesen der Polizei gefolgert wurde, sie dürfe lediglich Waffen verwenden, die nur angriffs- oder fluchtunfähig machen könnten, nicht aber zum Tode führten. Daher sei seiner Ansicht nach die Polizei zur Abgabe eines Todesschusses, wenn er nicht durch Notwehr gerechtfertigt sei, nicht ermächtigt und die Regelung des § 41 Abs. 2 sei nicht nur deklaratorisch, sondern konstitutiv, soweit sie über die Notwehrlage hinausgehe. Prof. *Merten* hielt für die derzeitige Interpretation des Begriffs Angriffsunfähig-Machen an seiner Auffassung fest, die er verdeutlichte: Die Probleme, die sich aus dem Terrorismus und den Geiselnahmen ergäben, hätten sich früher nicht in derselben Intensität gestellt. Wenn verbrecherische Angriffe nicht anders abzuwehren seien, müsse der Täter durch einen gezielt tödlichen Schuß angriffsunfähig gemacht werden. Aus dem zweifelhaften „Wesen" der Polizei Gegenteiliges zu folgern, scheine ihm nicht angängig. Primäre Aufgabe der Polizei sei die Gefahrenabwehr. Selbst wenn man den Begriff der Angriffsunfähigkeit restriktiver interpretierte, verbliebe der Polizei das Recht zur Abgabe eines Todesschusses auf Grund der polizeirechtlichen Notwehr-(und Nothilfe-)vorbehalte. Zu dem Ergebnis der Zulässigkeit eines Todesschusses bereits nach geltendem Recht käme im übrigen auch das von Vogel fortgeführte Standardwerk von Drews/Wacke. *Merten* meinte weiter, die Ablehnung besonderer Waffen für die Polizei stimme nicht mit der geltenden Verfassung überein. Nach Art. 87a Abs. 4 in Verbindung mit Art. 91 Abs. 2 GG könne die Bundesregierung zwar zur Abwehr einer drohenden Gefahr für den Bestand oder die freiheitliche demokratische Grundordnung des Bundes oder eines Landes Streitkräfte zur Unterstützung der Polizei und des Bundesgrenzschutzes zum Schutze von zivilen Objekten und bei der Bekämpfung organisierter und militärisch bewaffneter Aufständischer einsetzen. Zunächst gingen die Vorschriften jedoch von dem Eingreifen der Polizei aus, weil der

Einsatz der Bundeswehr primär für die Verteidigung nach außen bestimmt sei und im Innern möglicherweise auch zu weitergehenden Reaktionen führen könne. Aus Art. 87a Abs. 4 folge nicht, daß die Polizei bei Angriffen militärisch bewaffneter Aufständischer von vornherein untätig bleiben solle. Andererseits sei ihr Einsatz nur zu verantworten, wenn sie auch adäquat bewaffnet sei. Lehne man diese Konsequenz ab, dann müsse man in solchen Fällen von vornherein nach dem Bundesgrenzschutz oder den Streitkräften rufen, was unzweckmäßig sein könne. Selbstverständlich dürften die besonderen Waffen nur in besonders schweren Fällen und unter strikter Wahrung des Verhältnismäßigkeitsprinzips, insbesondere des Erforderlichkeitsgrundsatzes angewendet werden.

Leitender Kriminaldirektor Dr. *Krüger*, Münster, hielt den gezielt tödlichen Schuß nicht mit dem geltenden Gesetzesrecht, wohl aber mit dem Verfassungsrecht für vereinbar und meinte, daß der Gesetzgeber die vorgesehene Regelung des Musterentwurfs treffen könne. *Krüger* bezog sich sodann auf die Äußerung von Prof. Ule zu § 44 Abs. 2 des Musterentwurfs. Er räumte ein, daß die geplante Vorschrift, wonach Maschinengewehre und Handgranaten nur gebraucht werden dürften, um angriffsunfähig zu machen, bei isolierter Betrachtung mißverständlich sei. Man müsse jedoch, so fuhr *Krüger* fort, § 44 Abs. 2 in Zusammenhang mit § 41 Abs. 2 sehen. Während letztere Regelung die Herbeiführung der Angriffs- oder Fluchtunfähigkeit als Ziele des Schußwaffengebrauchs normiere, beschränke § 44 Abs. 2 den Einsatz der besonderen Waffen auf die Angriffsunfähigkeit. Denn bei Fliehenden wäre die Anwendung dieser Waffen unverhältnismäßig. Krüger plädierte dafür, die Zielsetzung des § 44 Abs. 2 noch deutlicher zu formulieren. Prof. *Schmidhäuser* stimmte diesen Ausführungen zu.

Leitender Ministerialrat *Heise*, Düsseldorf, kam auf den Begriff der Angriffsunfähigkeit zurück und betonte, die Auffassungen hätten sich bei schärferer Durchdringung des Gebiets gegenüber früher gewandelt. Der Musterentwurf, so führte er weiter aus, gehe in seiner Begründung ausdrücklich davon aus, daß das Angriffsunfähig-Machen notfalls die Tötung des Angreifers umfasse; es komme einzig auf die Intensität des Angriffs an. Die vielzitierte Formel von dem Schuß aufs Knie könne nicht weiterführen, wenn der Täter aus einer Deckung schieße und lediglich sein Kopf zu sehen sei. In diesem Falle könnte der Täter nur angriffsunfähig gemacht werden, wenn auf seinen Kopf geschossen werde. *Heise* ging sodann auf das Problem der besonderen Waffen ein: Ausgangslage sei hierbei stets eine erhebliche Störung; der Staat müsse mit jeder Störung fertig werden und könne sich nicht gerade bei schweren Angriffen zurückziehen und sich auf die Abwehr leichterer beschränken. Es sei eine Zweckmäßigkeitsfrage, in welchen Fällen man die Polizei nicht mehr einsetze, da sie nur für die Abwehr solcher Störungen ausgebildet werde, die eine bestimmte Intensität nicht überschreiten. Dann müsse jedoch die Bundeswehr oder der Bundesgrenzschutz herbeigerufen werden mit allen politischen Komplikationen, die daraus entstehen könnten. Über diese Tatsache werde oftmals hinwegdiskutiert. *Heise* räumte ein, daß § 44 Abs. 2 Satz 1 an sich entbehrlich sei, weil der Einsatz besonderer Waffen schon nach Abs. 1 auf die Fälle der Gefahrenabwehr und damit der Abwehr von Angriffen beschränkt sei. Prof. *Merten* ergänzte, in den früheren Diskussionen habe auch nicht so sehr die Tatsache im Blickpunkt gestanden, daß Privatpersonen Handgranaten einsetzen könnten, während man heute schon theoretisch in Erwägung ziehe, daß Terroristen eines Tages über Atomwaffen verfügen könnten.

Leitender Ministerialrat Dr. *Roemheld,* Hannover, betonte, die öffentliche Diskussion über den Musterentwurf gehe von zwei Fehlbetrachtungen aus, wenn behauptet werde, er enthalte viele neue Regelungen und die Polizei erhalte in Zukunft die Möglichkeit, in stärkerem Maße von der Schußwaffe Gebrauch zu machen. Demgegenüber stellte *Roemheld* die Thesen auf, daß der Musterentwurf hinsichtlich der Vorschriften des Schußwaffengebrauchs materiell nichts Neues enthalte und daß er sogar die bisherigen Kompetenzen der Polizei einschränke. Zur ersten These bemerkte er, der Musterentwurf verdeutliche nur, was ohnehin Rechtens sei. Dadurch werde das polizeiliche Handeln rechtsstaatlicher, weil der Polizeibeamte die Rechtmäßigkeit seines Handelns im Falle klarer Regelungen besser erkennen könne. Auf diese Weise werde der Polizeieinsatz erleichtert, nicht etwa weil Hemmungen beseitigt, sondern weil im Gegenteil Eigenbeurteilung und Eigenkritik ermöglicht würden. Als Beispiel für eine klarstellende Regelung zitierte *Roemheld* § 41 Abs. 3 des Musterentwurfs, wonach gegen noch nicht 14jährige Personen Schußwaffen nur gebraucht werden dürften, wenn nur so die Abwehr einer gegenwärtigen Gefahr für Leib oder Leben möglich sei. Auch nach geltendem Recht, bemerkte *Roemheld,* könne der Polizeibeamte von der Schußwaffe Gebrauch machen, wenn beispielsweise ein 11jähriges Kind einen Revolver an den Kopf seines Spielkameraden halte. Zur Begründung seiner zweiten These trug *Roemheld* vor, daß nach geltendem Recht nicht in allen Ländern der Einsatz von Maschinengewehren der Zustimmung des Ministers bedürfe, während dies nunmehr in § 44 Abs. 1 vorgesehen sei. Prof. *Merten* ergänzte, § 41 Abs. 3 des Musterentwurfs stelle teilweise eine Verbesserung gegenüber der geltenden Rechtslage dar, da nicht in allen Polizeigesetzen von dem Verbot, Schußwaffen gegen noch nicht 14jährige Personen zu gebrauchen, Ausnahmen zugunsten gegenwärtiger Gefahren für Leib oder Leben gemacht würden. Würden die Polizeibeamten in diesen Fällen dennoch schießen, so stünde ihnen strafrechtlich oder zivilrechtlich das Recht auf Notwehr oder Nothilfe zur

Seite, während sie polizeirechtlich rechtswidrig handelten. In diesem Zusammenhang wies *Merten* darauf hin, daß nach Auffassung Prof. *Schmidhäusers* bei Strafunmündigen keine Notwehrlage bestehe, da es an einem Angriff auf die Rechtsordnung fehle. Prof. *Schmidhäuser* ließ Notwehr für die Fälle zu, in denen der Schußwaffengebrauch lediglich zu relativ harmlosen Verletzungen führen würde.

Regierungsdirektor Dr. *Belz*, Stuttgart, fragte, ob Fälle denkbar seien, in denen zur Abwehr einer Freiheitsberaubung der Schußwaffengebrauch allein nicht ausreiche und ein gezielt tödlicher Schuß erforderlich sei. Prof. *Schmidhäuser* erwiderte, die Erfahrung zeige, daß die Wirklichkeit viel erfindungsreicher sei als alle Lehrbeispiele. Es sei beispielsweise denkbar, daß Entführer, um der sie verfolgenden Polizei zu entkommen, eine Brücke sprengen wollten und daß der gezielt tödliche Schuß als einzige Möglichkeit verbleibe, dies zu verhindern und damit die Entführung zu vereiteln. Regierungsdirektor Dr. *Busch*, Kiel, erkundigte sich nach den strafrechtlichen Konsequenzen, wenn Polizeibeamte nach Inkrafttreten des Musterentwurfs unter Nichtbeachtung der Vorschriften gezielt tödliche Schüsse zur Abwehr von Angriffen auf Sachgüter oder die Freiheit abgäben. Prof. *Schmidhäuser* entgegnete, eine Strafbarkeit komme nicht in Betracht, wenn die Voraussetzungen einer erforderlichen Notwehr oder Nothilfe in der konkreten Situation gegeben seien. *Schmidhäuser* ging sodann auf die Gewissensentscheidung des Polizeibeamten ein und verwies darauf, daß die Rechtsordnung diese respektiere und niemanden zur Tötung eines anderen zwinge, indem sie z. B. im Konfliktfalle die Kriegsdienstverweigerung gestatte oder dem Polizeibeamten, der im übrigen diesen Beruf nicht zu ergreifen brauche, die Möglichkeit eröffne, aus dem Dienst zu scheiden. Würde der Polizeibeamte seinen Dienst in entsprechenden Einheiten verrichten, sei er aber disziplinarrechtlich zu belangen, wenn er sich weigere, einen tödlichen Schuß abzugeben. Eine strafrechtliche Sanktion, beispielsweise wegen unterlassener Hilfeleistung, dürfte jedoch schwerlich festgestellt werden können. Prof. *Merten* stimmte zu und meinte, der Frage komme deshalb keine große praktische Bedeutung zu, da der Einsatzleiter im allgemeinen bei einem entsprechenden Wunsch auf die Mitwirkung eines Präzisionsschützen verzichten würde, im übrigen der Nachweis schwer zu führen sein werde, daß ein Präzisionsschütze die Gelegenheit zur Abgabe eines gezielt tödlichen Schusses gehabt und dennoch nicht geschossen habe.

Das Polizeirecht in der neueren verwaltungsgerichtlichen Rechtsprechung

Von Peter Rößler

Einleitung

Es ist kein sonderlich dankbares Thema, über das hier zu referieren ist. Das merkt der Referent freilich erst bei der Vorbereitung, wenn er sich einen Überblick über das zu verschaffen versucht, was die Verwaltungsgerichte in den letzten Jahren zum Polizeirecht beigesteuert haben. Da fällt zunächst auf, daß in den letzten Jahren — das Referat soll sich im wesentlichen auf die 70er Jahre beschränken — sonderlich spektakuläre Entscheidungen nicht ergangen sind. Das ist aber auch nicht weiter verwunderlich: Die großen, richtungweisenden Entscheidungen auf dem Gebiete des Polizeirechts wurden bereits im vorigen Jahrhundert und in der ersten Hälfte unseres Jahrhunderts gefällt. Insbesondere das *Preußische Oberverwaltungsgericht* hat — auf sehr schmaler gesetzlicher Grundlage — die wichtigsten, grundlegenden Fragen des Polizeirechts bereits in so rechtsstaatlichem Sinne geklärt, daß das durch diese Rechtsprechung gezimmerte Gebäude auch unseren durch die Rechtsstaatsprinzipien des Grundgesetzes geschärften Blicken im wesentlichen standhält. Unserer Zeit bleibt eigentlich nur die Aufgabe, dieses Gebäude im Detail zu verbessern, es den Forderungen des Grundgesetzes sowie den Notwendigkeiten anzupassen, die sich aus unseren gewandelten Lebensverhältnissen ergeben. So stellt sich auch unsere heutige polizeirechtliche Verwaltungsrechtsprechung im wesentlichen dar als ein Produkt zäher Kleinarbeit im Detail, wobei hie und da auch Grundsätzliches aufblitzen mag. Sogar neuere Probleme, wie z. B. die Frage des Rechtsanspruchs auf polizeiliches Einschreiten und die Frage des polizeilichen Einschreitens gegen andere Hoheitsträger, sind weithin geklärt. Vielfach verlagern sich die Probleme auch aus dem allgemeinen Polizeirecht in polizeirechtliche Spezialmaterien; man denke hier etwa an das Versammlungsrecht, an das Ausländerrecht, an das Immissionsschutzrecht.

Ein weiteres fällt auf. Da das allgemeine Polizeirecht Landesrecht ist, fehlt es weitgehend an der Möglichkeit, durch das Bundesverwaltungsgericht zu einer bundeseinheitlichen Rechtsanwendung und Rechtsfortbildung zu gelangen. Freilich ist auch das allgemeine Polizeirecht konkretisiertes Verfassungsrecht, und mehrfach hat das Bundesverwaltungsgericht Vorschriften des Länder-Polizeirechts am Maßstab des Grundgesetzes, vor allem am Maßstab der Grundrechte, zu messen gehabt, eine Folge nicht zuletzt des Art. 1 Abs. 3 GG. Gleichwohl bleibt insgesamt der Eindruck einer stark zersplitterten und daher unübersichtlichen Verwaltungsrechtsprechung durch die Länder-Verwaltungsgerichte, und es ist keine leichte Aufgabe, hier eine Systematisierung zu versuchen und einheitliche Linien aufzuzeigen. Dabei bleibt zu bedenken, daß das Gesamtbild der polizeirechtlichen Judikatur noch unübersichtlicher wird, wenn man den nicht unbeträchtlichen Beitrag anderer Gerichtszweige zum Polizeirecht berücksichtigt, etwa der Zivilgerichte im Rahmen der öffentlich-rechtlichen Entschädigung, der Strafgerichte, der ordentlichen Gerichte im Bußgeldverfahren.

Die folgenden Ausführungen sollen sich im wesentlichen auf das allgemeine Polizeirecht beschränken. Das legt ja auch die Thematik dieser Tagung nahe, die auf den Musterentwurf eines einheitlichen Polizeigesetzes des Bundes und der Länder hin angelegt ist. Polizeirechtliche Spezialmaterien wie z. B. Ausländerrecht, Bauordnungsrecht, Straßenverkehrsrecht, Gaststättenrecht, Vereinsrecht, Versammlungsrecht u. dgl. mehr werden hier — schon aus Zeitgründen — nicht behandelt werden können; allenfalls soll insoweit Bezügen zum allgemeinen Polizeirecht nachgespürt werden.

I. Generalklausel über Aufgaben und Befugnisse der Polizei

Zu berichten ist zunächst über einige Entscheidungen zur Generalklausel über Aufgaben und Befugnisse der Polizei. Die Begriffe öffentliche Sicherheit, öffentliche Ordnung, Polizeigefahr sind durch die Rechtsprechung der Verwaltungsgerichte im grundsätzlichen längst geklärt. Immerhin hat es unter der Herrschaft des Grundgesetzes nicht an Versuchen gefehlt, die Verfassungsmäßigkeit dieser Generalklauseln in Zweifel zu ziehen. Die Rechtsprechung ist diesen Versuchen nicht gefolgt. Eine klare Bestätigung überkommener Erkenntnisse bringt der Beschluß des *OVG Lüneburg* vom 3. 12. 1973[1] zur Untersagung eines Bordellbetriebes. Dieser Beschluß wurde von den Verfassern der Begründung zum Musterentwurf eines einheitlichen Polizeigesetzes des Bundes und der Länder offensichtlich für so bedeutsam gehalten, daß man ihn in der Begründung ausdrücklich zitierte. In diesem Beschluß führte das OVG Lüneburg bei Prüfung der Frage, ob die Unterhaltung eines Bordells oder bordellartigen Betriebes einen Verstoß gegen die öffentliche Ordnung darstelle, folgendes aus: Es sei „gerade das Kennzeichen des Ordnungsrechts, daß auf

[1] NJW 1974, 820.

weiten Bereichen des öffentlichen Lebens, die durch besondere Vorschriften des bürgerlichen, öffentlichen oder Strafrechts nicht ausdrücklich geordnet sind, gleichwohl Störungen der öffentlichen Ordnung und damit polizeiwidrige Gefahren entstehen können". Diese Aussage entspricht gesicherten Erkenntnissen des deutschen Polizeirechts; ihr ist voll beizupflichten.

Das allgemeine Polizeirecht ist Landesrecht. Da nach § 137 Abs. 1 VwGO die Revision an das Bundesverwaltungsgericht nur darauf gestützt werden kann, daß das angefochtene Urteil auf der Verletzung von Bundesrecht beruhe, ist das Bundesverwaltungsgericht bei der Überprüfung von Rechtsfragen des allgemeinen Polizeirechts stark eingeengt. Gleichwohl nahm das *Bundesverwaltungsgericht* mehrfach Gelegenheit, sich zu Grundsatzfragen des allgemeinen Polizeirechts zu äußern, hie und da freilich im Wege eines obiter dictum. Die Bindung des Bundesverwaltungsgerichts an die Entscheidungen der Vorinstanz über Inhalt und Bestehen von irrevisiblem Landesrecht erschwert vielfach das Verständnis der Entscheidungsgründe in Fällen zum allgemeinen Polizeirecht. Es ist dies ein Beispiel für die durch unsere Prozeßordnungen bedingten vielfachen verfahrensrechtlichen Komplikationen, die gelegentlich, dem Bürger nicht immer einsichtig, die Verwaltungsgerichte an der umfassenden materiell-rechtlichen Überprüfung von Verwaltungsentscheidungen hindern. Hierzu einige Beispiele aus der Rechtsprechung des Bundesverwaltungsgerichts.

Gegenstand des Urteils des *Bundesverwaltungsgerichts* vom 26. 2. 1970[2] war, etwas vereinfacht, ein von der Stadt Freiburg auf Weisung des Innenministeriums erlassenes Verbot öffentlicher Tanzveranstaltungen für die Zeit nach dem Tode bis zur Beisetzung des Altbundespräsidenten Heuss. Der *Verwaltungsgerichtshof Baden-Württemberg* stellte im Berufungsurteil fest, daß diese Verfügung in vollem Umfange rechtswidrig war. Der *VGH* verneinte die Frage, ob durch öffentliche Tanzveranstaltungen in der fraglichen Zeit die öffentliche Ordnung im Sinne der polizeilichen Generalklausel verletzt werde. Er ging davon aus, daß sich die Beantwortung dieser Frage nicht allein nach den Anschauungen eines am politischen Leben anteilnehmenden staatsbewußten Bürgers richte, daß vielmehr gegen die öffentliche Ordnung nur verstoßen werde, wenn allgemeine Anschauungen und damit zweifellos die Überzeugung der ganz überwiegenden Mehrheit der Gesamtbevölkerung verletzt würden. Nach den Anschauungen eines am politischen Leben anteilnehmenden staatsbewußten Bürgers könne die Frage, ob hier die öffentliche Ordnung durch Tanzveranstaltungen verletzt worden wäre, nur dann beurteilt werden, wenn diese Kategorie von Bürgern die überwiegende Mehrheit der Be-

---

[2] DVBl. 1970, 504 = MDR 1970, 613 = JuS 1970, 538 = GewArch. 1970, 189 = VerwRspr. 22, 58 = BaWüVBl. 1971, 185.

völkerung ausmachen würde; dies sei indessen nicht der Fall. Gegen diese Entscheidung des VGH legte die Landesanwaltschaft als Vertreter des öffentlichen Interesses Revision ein. Da die Revision nur auf Verletzung von Bundesrecht gestützt werden konnte, mußte die Landesanwaltschaft sich in die Höhen des Grundgesetzes begeben; sie sah hier eine Verletzung von Bundesrecht darin, daß der VGH eine landesrechtliche Bestimmung, nämlich die Generalklausel des § 1 Abs. 1 PolG BaWü im Widerspruch zum Menschenbild des Grundgesetzes ausgelegt habe. Es liegt auf der Hand, daß das *Bundesverwaltungsgericht* dem nicht folgen konnte. Es stellte — vielleicht etwas sehr apodiktisch — fest, daß sich im Grundgesetz und sonstigen Bundesrecht keine Bestimmung feststellen lasse, die es den Bundesländern verwehrte, der polizeilichen Generalklausel den Inhalt zu geben, den § 1 Abs. 1 PolG BaWü nach den Entscheidungsgründen des VGH-Urteils habe. Das Bundesverwaltungsgericht sah sich aber noch zu einer Warnung veranlaßt. Es ging davon aus, daß die Auslegung des § 1 Abs. 1 PolG BaWü durch den *VGH* den Aufgabenbereich der Polizei enger begrenze als die sich auf die Anschauungen der politisch interessierten Bürger stützende Rechtsmeinung der Revision. Es seien Fälle denkbar, so warnte nunmehr das Bundesverwaltungsgericht, in denen durch eine zu enge Bestimmung der polizeilichen Aufgabe im Sinne des § 1 Abs. 1 PolG das Grundgesetz verletzt werden könnte. Die Auslegungsgrundsätze des VGH bergen nach Ansicht des Bundesverwaltungsgerichts die „Gefahr in sich, daß Minderheiten, die durch das Verhalten anderer in schwerwiegender Weise beeinträchtigt werden, unter Umständen auf Grund des § 1 Abs. 1 PolG BaWü nicht den ihnen verfassungsrechtlich zustehenden polizeilichen Schutz erhalten". Man hat es hier wohl mit einem hübschen Beispiel für ein obiter dictum zu tun. Im übrigen enthält dieses Urteil des Bundesverwaltungsgerichts noch die Bestätigung eines wichtigen allgemeinen Grundsatzes. Es führt aus: Der Begriff der öffentlichen Ordnung bedürfe einer Wertausfüllung. Es liege in der Natur solcher Rechtsbegriffe, daß in Zeiten des Wertewandels und der Zweifel an der Berechtigung bisher herrschender Anschauungen eine gewisse Rechtsunsicherheit aufkommen könne. Hierdurch fehle der polizeilichen Generalklausel indessen noch nicht ohne weiteres das verfassungsrechtliche Mindestmaß an Tatbestandsklarheit.

In einem Urteil vom 26. 6. 1970[3] kommt das *Bundesverwaltungsgericht* auf dem Umwege über eine Vorschrift des Wasserhaushaltsgesetzes zur Anwendung polizeirechtlicher Grundbegriffe. Die Kläger dieses Falles hatten im Keller eines Altersheims zwei freistehende Öltanks mit einem Fassungsvermögen von je 2 000 Liter eingebaut; die nachträglich beantragte Baugenehmigung wurde von der Behörde abgelehnt, weil das Grundstück in der engeren Schutzzone des Berliner Wasserwerks liege.

[3] DÖV 1970, 713 = NJW 1970, 1890 = BayVBl. 1971, 149.

Rechtsgrundlage war § 34 Abs. 2 des Wasserhaushaltsgesetzes, wonach Stoffe nur so gelagert oder abgelagert werden dürfen, daß eine schädliche Verunreinigung des Grundwassers oder eine sonstige nachteilige Veränderung seiner Eigenschaften nicht zu besorgen ist. Die Vorinstanzen hatten der Verpflichtungsklage stattgegeben. Das Oberverwaltungsgericht nahm an, daß eine schädliche Verunreinigung des Grundwassers im Sinne des § 34 Abs. 2 WHG hier nicht zu besorgen sei; eine konkrete Gefahr brauche zwar noch nicht vorzuliegen, eine nur abstrakte Gefahr genüge aber andererseits noch nicht für ein Eingreifen auf Grund des § 34 Abs. 2 WHG. Das Bundesverwaltungsgericht sah hierin eine Verkennung des Unterschieds zwischen einer konkreten und einer abstrakten Gefahr. Das Bundesverwaltungsgericht wirft hier dem OVG vor, übersehen zu haben, daß „die im einzelnen Falle bevorstehende Gefahr" keineswegs „unmittelbar" bevorstehend zu sein brauche, ihre Verwirklichung vielmehr möglicherweise noch Jahre auf sich warten lassen und gleichwohl die Gefahr „konkret" sein könne. Erforderlich sei nur die hinreichende Wahrscheinlichkeit des Eintritts eines Schadens im konkreten Einzelfall. Eine solche hinreichende oder auch „bloße" Wahrscheinlichkeit gehöre zur abstrakten genauso wie zur konkreten Gefahr; beide Gefahrenbegriffe stellten, was den zu erwartenden Eintritt eines Schadens anlange, die gleichen Anforderungen der Wahrscheinlichkeit. Der Unterschied liege nur in der Betrachtungsweise: Bei der konkreten Gefahr „konkret" d. h. auf den Einzelfall, bei der abstrakten Gefahr „abstrakt-generell", also auf den typischen Fall bezogen. Das Bundesverwaltungsgericht übernimmt dann die gängigen Formeln der polizeirechtlichen Literatur und Judikatur für die Voraussetzungen einer konkreten Gefahr und einer abstrakten Gefahr. Das Bemerkenswerte an dieser Entscheidung dürfte darin liegen, daß hier die Gefahrenbegriffe des allgemeinen Polizeirechts ohne weiteres für die Auslegung des § 34 Abs. 2 WHG verwendet werden. Dieses Urteil enthält übrigens noch einen weiteren wichtigen Hinweis zum Gefahrenbegriff. Das Bundesverwaltungsgericht führt aus, daß hinsichtlich des Grades der Wahrscheinlichkeit des Schadenseintritts differenziert werden müsse je nachdem, welches Schutzgut auf dem Spiele stehe. Sei der möglicherweise eintretende Schaden sehr groß, dann könnten an die Wahrscheinlichkeit des Schadenseintritts nur entsprechend geringe Anforderungen gestellt werden. Das Bundesverwaltungsgericht betont, daß hiervon die Verwaltungspraxis mit Recht als selbstverständlich ausgehe, und bringt als Beispiel hierfür die anonymen Bombendrohungen.

Grundgedanken des allgemeinen Polizeirechts sind auch in das Urteil des *Bundesverwaltungsgerichts* vom 16. 11. 1973[4] eingeflossen. Hier han-

[4] DÖV 1974, 207 = NJW 1974, 815 = DVBl. 1974, 297 = MDR 1974, 338 = BayVBl. 1974, 438 = JuS 1974, 532 = VerwRspr. 25, 861 = GewArch. 1974, 136.

delte es sich um Wasserverunreinigungen bei einem Ölunfall durch einen Tankwagen. Die Behörde ordnete an, daß die öldurchsetzte Erde auszubaggern, abzutransportieren und auszuglühen sei; ferner verpflichtete sie den Kläger, den Halter des Tankwagens, die Kosten der Maßnahmen zu übernehmen. Entgegen der Vorinstanz ging das Bundesverwaltungsgericht davon aus, daß in dem Umstürzen des Tankwagens und dem dadurch verursachten Auslaufen des Öles kein „Einleiten von Stoffen" im Sinne des Wasserhaushaltsgesetzes liege. Im Gegensatz zur Meinung des Oberbundesanwalts verneinte es auch die Anwendbarkeit des § 34 Abs. 2 des Wasserhaushaltsgesetzes über das Lagern und Ablagern von Stoffen. Es verwies deshalb die Sache an das OVG zurück, welches die angefochtene Maßnahme auf Grund des Wasserhaushaltsgesetzes für rechtmäßig gehalten hatte. Damit aber nicht genug. Nunmehr setzte sich das Bundesverwaltungsgericht mit der Ansicht des OVG auseinander, eine ordnungsbehördliche Maßnahme auf Grund der allgemeinen Eingriffsermächtigung der §§ 1 und 14 OBGNW setze eine konkrete Gefahr für die Trinkwasserversorgung voraus und lasse mithin eine solche Gefahr für das Oberflächenwasser und das Grundwasser allein noch nicht genügen. Diese Ansicht, so meinte das Bundesverwaltungsgericht, beruhe zwar auf der Anwendung des irrevisiblen Landesrechts; es könne aber nicht übersehen werden, daß dessen Auslegung durch das OVG im Hinblick auf die ordnungsbehördlich geschützten Rechtsgüter hinter dem Verständnis zurückbleibe, das die dem OBG zugrundeliegende traditionelle polizeiliche Generalklausel insoweit allgemein gefunden habe. Nach dieser wohl etwas verschwommen erscheinenden Einleitung packt das Bundesverwaltungsgericht deutlicher zu: Polizeiliche Gefahrenabwehr komme auch und namentlich dann in Betracht, wenn kollektive Rechtsgüter gefährdet seien, nämlich solche Rechtsgüter, deren Schutz mit Rücksicht auf die Allgemeinheit, vornehmlich also auf das Leben in der staatlich organisierten Gemeinschaft, geboten sei. Die öffentliche Wasserversorgung gehöre als Ganzes zu den von der staatlichen Rechtsordnung besonders geschützten Rechtsgütern und falle deswegen auch als Ganzes unter die polizeirechtlich beachtlichen Schutzgüter. Dabei müsse der Begriff der öffentlichen Wasserversorgung in umfassender Weise verstanden werden. Insoweit sei auch bei der Anwendung des Ordnungsrechts ein Rückgriff auf das Wasserhaushaltsgesetz geboten, und zwar im Blick auf die materiale Grundentscheidung des Gesetzes zur Schutzwürdigkeit der von ihm verfolgten wasserwirtschaftlichen Interessen. Werde eine nach diesen Maßstäben mit dem Wasserhaushaltsgesetz unvereinbare Gefährdung oder Beeinträchtigung der Wasserwirtschaft verursacht, so sei dadurch die öffentliche Sicherheit und Ordnung auch dann betroffen, wenn die abstrakt-typischen Voraussetzungen eines speziellen Tatbestandes des Wasserhaushaltgesetzes nicht erfüllt seien.

Hierzu ist zu sagen: Die „Entpolizeilichung" zahlreicher Sachgebiete der öffentlichchen Verwaltung ist also wenigstens noch nicht so weit fortgeschritten, daß nicht gelegentlich ein Zurückgreifen auf Grundsätze des allgemeinen Polizeirechts erlaubt wäre.

Eingehende Ausführungen zum Begriff der Gefahr enthält auch das Urteil des *Bundesverwaltungsgerichts* vom 26. 2. 1974[5], in welchem es u. a. um die Frage ging, ob § 47 Abs. 1 Nr. 2 Hess. SOG, wonach die Vollzugspolizei jemanden in Verwahrung nehmen kann, wenn es unerläßlich ist, um ihn an der unmittelbar bevorstehenden Begehung einer mit Strafe bedrohten Handlung zu hindern, gegen Art. 2 Abs. 2 und 3 GG verstößt. Die Überlegungen des Bundesverwaltungsgerichts zum Gefahrenbegriff bleiben im wesentlichen in den eingefahrenen Geleisen. Es wiederholt den bereits früher entwickelten Grundsatz, daß an die Wahrscheinlichkeit des Schadenseintritts um so geringere Anforderungen zu stellen sind, je größer und folgenschwerer der möglicherweise eintretende Schaden ist. Allerdings wird dieser Grundsatz hier, wo es sich um unmittelbare Eingriffe der Polizei in die Freiheit der Person handelt, dahin modifiziert, daß die Eingriffsschwelle aus verfassungsrechtlichen Gründen im allgemeinen höher liege als etwa bei Verwaltungsakten nach den Generalermächtigungen des Polizei- und Ordnungsrechts. Mit wohltuender Deutlichkeit spricht dann das Bundesverwaltungsgericht im Hinblick auf den konkreten Fall folgendes aus: „Wenn die Polizei bei Personen, die sich öffentlich zur Anwendung von Gewalt als Mittel der politischen Auseinandersetzung bekannt und andere zu Gewalttaten aufgefordert oder bei Demonstrationen Gewalt gegen Personen oder Sachen angewendet haben, die Gefahr eines Mißbrauchs der Versammlungsfreiheit eher als bei anderen für wahrscheinlich hält, nimmt sie nur den Schutz der freiheitlichen demokratischen Grundordnung in der BRD so ernst, wie er nach dem GG genommen werden muß."

Nach diesen Beispielen — Vollständigkeit kann hier nicht angestrebt werden — für die Anwendung polizeirechtlicher Grundsätze durch das Bundesverwaltungsgericht soll nun noch auf einige Anwendungsfälle der polizeilichen Generalklausel in der Verwaltungsrechtsprechung hingewiesen werden.

Die moderne technische Entwicklung bescherte uns die Minispione. In einem Urteil vom 15. 12. 1971[6] hielt der *VGH Baden-Württemberg* die polizeirechtliche Beschlagnahme von Mikro-Abhörgeräten, die der Kläger in seinem Einzelhandelsgeschäft für Elektrogeräte, Fotoartikel und technische Neuheiten zum Verkauf ausgestellt hatte, für rechtmäßig. Er bestätigte die Auffassung des Verwaltungsgerichts, daß die heimliche

[5] *BVerwGE 45*, 51 = DÖV 1974, 637 = NJW 1974, 807 = DVBl. 1974, 842 = MDR 1974, 513 = JuS 1974, 462 = JR 1974, 301 = GewArch. 1974, 226.

[6] NJW 1972, 971 = DVBl. 1972, 503 = JuS 1972, 478.

Verwendung von Abhörgeräten zur Aufnahme von Gesprächen oder Geräuschen, die nicht für fremde Ohren bestimmt sind, eine Beeinträchtigung des Gemeinschaftslebens der Bevölkerung darstelle und als Verletzung der öffentlichen Ordnung anzusehen sei. Die Würde des Menschen, so führte es weiter aus, werde durch das heimliche Abhören berührt. Das unbefugte Belauschen greife in den Bereich der Intimsphäre als letzten unantastbaren Bereich menschlicher Freiheit in unerträglicher Weise ein. Die Verwendung der Abhörgeräte zum Belauschen fremder Gespräche stelle aber nicht nur eine Störung der öffentlichen Ordnung dar, sondern die Käufer, die die Geräte ihrer Bestimmung gemäß zum heimlichen Abhören verwendeten, machten sich damit auch nach § 298 Abs. 2 StGB strafbar. Schließlich bestehe auch die Gefahr des Verstoßes gegen das Fernmeldeanlagengesetz. Auch bei dieser Entscheidung wird wieder deutlich, daß das allgemeine Polizeirecht konkretisiertes Verfassungsrecht ist.

In Fortentwicklung dieser Rechtsprechung erklärte das *Verwaltungsgericht Sigmaringen* in einem Urteil vom 24. 5. 1976[7] die Beschlagnahme eines in einem Einzelhandelsgeschäft feilgebotenen Minisenders für rechtmäßig. In dem Bereithalten der beschlagnahmten Geräte zum freien Verkauf an jedermann lag, so führte das Verwaltungsgericht aus, eine unmittelbar bevorstehende Verletzung der öffentlichen Sicherheit. Die zum Kauf angebotenen Geräte würden auch erworben. Wer das Gerät erwerbe, werde es auch benutzen. Eine legale Benutzung sei jedoch in jedem Falle ausgeschlossen, und zwar auch dann, wenn das Gerät nicht als sogenannter Mini-Spion, sondern zum Elektro-Basteln, für Unterrichtszwecke oder als Babysitter verwendet werde, weil die Benutzung in jedem Falle gegen das Fernmeldeanlagengesetz und gegen das Gesetz über den Betrieb von Hochfrequenzgeräten verstoßen würde. Diese Argumentation erscheint durchschlagend.

Ein klassischer Anwendungsfall für die Grundprinzipien des allgemeinen Polizeirechts ist von jeher die Gewerbsunzucht gewesen. In dem bereits eingangs erwähnten Beschluß des *OVG Lüneburg* vom 3. 12. 1973[1] zur Untersagung eines Bordellbetriebs findet sich nicht nur die oben bereits dargestellte allgemeine Kennzeichnung des Ordnungsrechts, sondern auch die Bejahung eines Anwendungsfalles: Der Betrieb eines Hauses, so führt das OVG Lüneburg aus, in welchem Mädchen oder Frauen gewerbsmäßig gegen Entgelt ihren Körper der Unzucht preisgeben, stelle eine Verletzung der allgemeinen Ordnung dar. Dabei greift das OVG Lüneburg auf Art. 6 GG zurück. Wenn es nach dieser Vorschrift Aufgabe der staatlichen Organe sei, Ehe und Familie zu schützen, so können sie nicht gleichzeitig anerkennen, daß ein gewerbsmäßig dem entgeltlichen unehelichen Geschlechtsverkehr dienendes Unternehmen mit der öf-

---

[7] DÖV 1976, 570.

fentlichen Ordnung übereinstimme. Vielmehr stehe ein solches Unternehmen außerhalb der öffentlichen Ordnung, ohne daß es darauf ankomme, ob es auch strafrechtlich faßbar sei oder nicht. Dies erscheint im Ergebnis richtig, wenn man hier auch Zweifel an der Art der Argumentation anmelden könnte. Überzeugender wirkt dann der Hinweis auf andere Gründe für eine Gefährdung der öffentlichen Ordnung: Vorbeugende Verbrechensbekämpfung, Jugendschutz, Volksgesundheit.

Deutlich hat auch das *OVG Münster* in einem Urteil vom 10. 4. 1974[8] zur Polizeiwidrigkeit der Gewerbsunzucht Stellung genommen. Diesem Urteil liegt der Leitsatz zugrunde, daß der Betrieb eines Dirnenwohnheims auch im Hinblick auf die geänderten Anschauungen über Sittlichkeit und Sexualität eine Störung der öffentlichen Ordnung darstelle. Gegenüber dieser zunächst gesichert erscheinenden Rechtsprechung werden allerdings in neuerer Zeit Zweifel laut. So lautet z. B. der einem Beschluß des *Verwaltungsgerichts Wiesbaden* vom 4. 7. 1974[9] entnommene Leitsatz: In einem weder strafbaren noch ordnungswidrigen Verhalten im Bereich des Sexuellen (hier: Unterhaltung eines sog. Massageinstituts) liegt in der Regel keine einen polizeilichen Eingriff rechtfertigende Gefahr für die öffentliche Sicherheit und Ordnung. Demgegenüber bezieht das *Oberlandesgericht Köln* in seinem Urteil vom 28. 5. 1974[10] in einer Strafsache eindeutig Stellung, wenn es entscheidet, daß das Betreiben eines Salons zur sog. „Entspannungsmassage" nach altem Recht Kuppelei und auch nach neuem Recht objektiv und subjektiv Förderung der Prostitution (vgl. § 180 a StGB) sei. Polizeirechtlich ergibt sich hieraus die Konsequenz, daß das Betreiben eines solchen Salons gegen die öffentliche Sicherheit verstößt.

II. Polizeipflicht

Zum Komplex der Polizeipflicht sind, wenn der Referent recht sieht, in neuerer Zeit nur wenig verwaltungsgerichtliche Entscheidungen ergangen, die allgemeines Interesse verdienen. In der Praxis stellt sich häufig die Frage, wer von mehreren Störern in Anspruch genommen werden soll. Nach absolut herrschender Meinung handelt es sich bei dieser Auswahl um eine Ermessensentscheidung. Bestimmte Gesichtspunkte, welche die Ermessensausübung in eine bestimmte Richtung zwingend drängen, sind von der Rechtsprechung kaum entwickelt worden. Dies entspricht auch der Gesetzeslage. Nicht nur das Ob des polizeilichen Einschreitens, sondern auch das Wie unterliegt dem Opportunitätsprinzip. Es drängt sich natürlich der Gedanke auf, ob nicht die Zustandshaf-

[8] *OVGE 29*, 259 = GewArch. 1974, 354.
[9] NJW 1975, 663 = GewArch. 1974, 353.
[10] GewArch. 1974, 352.

tung gegenüber der Verursachungshaftung subsidiär sein sollte, ein Gedanke, der dem § 10 Abs. 3 Bay. PAG zugrundeliegt. Es handelt sich hierbei aber sicherlich um eine bayerische Sonderregelung. Die übrigen deutschen Polizeirechtsordnungen kennen diesen Gedanken nicht. Mit Recht ist dieser Gedanke auch vom Musterentwurf nicht übernommen worden.

Stellt somit die Rechtsprechung im allgemeinen keine bindenden Ermessensrichtlinien für die Störerauswahl fest, so prüft sie doch, ob die Erwägungen, welche die Behörde bei der Auswahl des Störers angestellt hat, im Rahmen des pflichtgemäßen Ermessens liegen. So hat das *OVG Münster* in einem Urteil vom 24. 3. 1971[11] ausgesprochen, daß es im Rahmen des pflichtgemäßen Ermessens der Ordnungsbehörde liege, zwecks Erfüllung ihrer Aufgabe der Gefahrenabwehr statt des sog. Handlungsstörers den Eigentümer eines Grundstücks auf Grund seiner Zustandshaftung als ordnungspflichtig heranzuziehen. Allerdings müsse die Ordnungsbehörde, so führt das OVG Münster weiterhin aus, ihre Maßnahmen gegen den Inhaber der tatsächlichen Gewalt richten, wenn er diese auf einem Grundstück oder einem Teil des Grundstücks unter Ausschluß der tatsächlichen Gewalt des Eigentümers gegen dessen Willen ausübe. In diesem letzteren Fall ist also eine Ermessensreduzierung eingetreten.

In einem Urteil vom 17. 4. 1973[12] hat das OVG *Münster* in einem Fall, in dem es um die Heranziehung zur Beseitigung der Folgen eines Eindringens von Öl in das Grundwasser ging, bei der Auswahl unter mehreren Störern die Berücksichtigung der finanziellen Leistungsfähigkeit als rechtmäßige Ermessensausübung anerkannt; ferner wurde der Gesichtspunkt, daß der von der Behörde schließlich ausgewählte Störer die letzte Bedingung gesetzt habe, als ermessensfehlerfrei beurteilt.

Das Problem des Rangverhältnisses zwischen Handlungshaftung und Zustandshaftung war Gegenstand eines Beschlusses des *Bay. VGH* vom 15. 3. 1974[13]. Es handelte sich um folgenden Fall: Bei Bauarbeiten zur Erweiterung des Schulgebäudes eines Volksschulverbands stürzte ein Teil der auf dem Nachbargrundstück des Klägers befindlichen Mauer ein. Das Landratsamt verfügte die Einstellung des Bauvorhabens und ordnete gegenüber dem Kläger an, die Mauer nach Angaben eines hierzu befähigten Statikers abzustützen. Hiergegen richtete sich der Kläger mit seiner Klage. Der Volksschulverband stützte nunmehr die Mauer ab. Danach erklärten die Parteien des Rechtsstreit in der Hauptsache für erledigt und erbaten eine Kostenentscheidung nach § 161 Abs. 2 VwGO. Das Verwaltungsgericht erlegte die Kosten dem Kläger auf. Der VGH

[11] DVBl. 1971, 828 = ZMR 1971, 372.

[12] *OVGE 29*, 44 = DVBl. 1973, 924 = MDR 1974, 258 = JuS 1974, 464.

[13] BayVBl. 1974, 342.

dagegen gab der Beschwerde des Klägers mit dem Antrag, die Kosten dem Beklagten aufzuerlegen, statt. Als Rechtsgrundlage für den angefochtenen Bescheid kam Art. 78 Abs. 4 Bay.BauO in Betracht, wonach die Bauaufsichtsbehörden bei bestehenden baulichen Anlagen Anforderungen stellen können, wenn es zur Abwehr von erheblichen Gefahren für Leben oder Gesundheit notwendig ist. Der Bay. VGH ordnete diese Vorschrift dem Recht der öffentlichen Sicherheit und Ordnung zu, wonach sich die Wahl des Pflichtigen nach den Grundsätzen der Handlungshaftung und der Zustandshaftung bestimmt. Der VGH weist nun zunächst darauf hin, daß bei der Anwendung des Art. 5 Abs. 5 AGStPO die Zustandshaftung gegenüber der Störerhaftung subsidiär sei. Jetzt kommt ein typisches obiter dictum: Der Senat „neigt zur Annahme", daß auch bei Anwendung des Art. 78 Abs. 4 Bay.BauO die Zustandshaftung gegenüber der Störerhaftung subsidiär sei. Dies bleibe jedoch unentschieden. Und jetzt kommt die ratio decidendi: Der Bescheid enthielt keinerlei Anhaltspunkte dafür, daß das Landratsamt Ermessenserwägungen darüber angestellt habe, warum es die Stützarbeiten dem Kläger und nicht dem Volksschulverband auferlegte. Ein Ermessensdefizit auf seiten der Behörde ist also der tragende Grund dieser Entscheidung. Die übrigen Überlegungen versprechen viel, halten aber wenig. Diese Art des Vorgehens trifft man übrigens bei den Verwaltungsgerichten heute vielfach. Referent hält es nicht für einen guten Brauch, daß ein Gericht zunächst ausspricht, in einer streitigen Rechtsfrage zu einer bestimmten Annahme zu neigen, daß es aber dann diese Rechtsfrage doch unentschieden läßt, weil es auf sie bei der Entscheidung nicht ankommt.

Ein gewisses Aufsehen erregte seinerzeit das Urteil des *Bay. VGH* vom 13. 3. 1969[14] zur Frage der Vererblichkeit der Handlungs- und Zustandshaftung. In diesem Fall hatte das Landratsamt gegen den Ehemann der Klägerin eine Beseitigungsanordnung erlassen, durch die er angewiesen wurde, eine ohne baurechtliche Genehmigung errichtete Dachgaube von seinem Anwesen zu entfernen. Nach dem Tode des Herangezogenen hielt das Landratsamt die Anordnung gegenüber der Ehefrau als Alleinerbin aufrecht. Der VGH ging davon aus, daß die Beseitigungsanordnung nach Art. 100 Bay.BauO eine Maßnahme des Bauordnungsrechts sei und daß deshalb auf die Regelungen des allgemeinen Polizeirechts zurückzugreifen sei. Der VGH sprach aus, daß nach ganz herrschender Lehre sowohl die Zustandshaftung als auch die Verhaltenshaftung höchstpersönlich seien mit der Folge, daß sie mit dem Eintritt einer Rechtsnachfolge, insbesondere mit dem Tod des Verhaltensstörers oder des Eigentümers der in polizeiwidrigem Zustand befindlichen Sache, ende. Der VGH befaßte sich sodann mit den gegen diese herrschende Lehre im Schrifttum erhobenen Einwendungen. Er folgte diesen Einwendungen aber nicht und

---

[14] BayVBl. 1970, 328 = JuS 1970, 590.

kam so zu dem für die Praxis nicht recht befriedigenden Ergebnis, daß das Landratsamt die Beseitigungsanordnung, obwohl sie gegenüber dem verstorbenen Ehemann der Klägerin zu Recht ergangen war, gegenüber der Ehefrau nicht aufrechterhalten durfte. Das Landratsamt hätte vielmehr eine neue Beseitigungsanordnung erlassen müssen. In einem solchen Fall drängt sich der Gedanke auf, ob nicht bisweilen das Recht zur Plage für die Verwaltung werden kann. Mit Recht ist in neuerer Zeit die These von der Höchstpersönlichkeit der Polizeipflicht angegriffen worden[15].

Zur Frage des maßgebenden Zeitpunkts im Polizeirecht hat das *Bundesverwaltungsgericht* in Fortführung früherer Rechtsprechung im Urteil vom 1. 7. 1975[16] noch einmal klargestellt, daß sich die Frage, ob eine präventivpolizeiliche Maßnahme erforderlich war, nach den Verhältnissen und dem Erkenntnisstand zur Zeit ihres Erlasses beurteilt. Gegenstand dieses Urteils war ein ausländerrechtliches Demonstrationsverbot, das gegen einen iranischen Staatsangehörigen anläßlich des Staatsbesuchs des iranischen Kaiserpaars Ende Mai 1967 erlassen wurde. Dieser Iraner war vom Bundeskriminalamt in Gruppe 4 der potentiellen Störer des Staatsbesuchs eingestuft worden, von denen eine Behinderung oder Belästigung durch Teilnahme an Protestaktionen, Sitzstreiks, Flugblattaktionen, Demonstrationen u. ä. ausgehen könnte. Das Demonstrationsverbot des § 6 Abs. 2 AuslG ist eine präventivpolizeiliche Maßnahme. Aus Gründen, die hier nicht näher ausgeführt werden können, hielt das Bundesverwaltungsgericht dieses Demonstrationsverbot für eine im konkreten Fall gebotene Maßnahme vorsorglicher polizeilicher Gefahrenabwehr. Für die polizeiliche Praxis bedeutsam sind insbesondere folgende Ausführungen des Bundesverwaltungsgerichts: „In diesem Zeitpunkt (gemeint ist der Zeitpunkt des Erlasses des Demonstrationsverbots) und bei der bestehenden Sachlage duldeten die erforderlichen Anordnungen keinen Aufschub, wenn sie ihre Zwecke erreichen sollten. Der Landesminister des Innern hatte keine Möglichkeit, eigene Nachforschungen darüber anzustellen, ob das Bundeskriminalamt den Kläger und die übrigen in den Namenslisten als potentielle Störer aufgeführten Personen auf Grund zutreffenden und ausreichenden Tatsachenmaterials erfaßt hatte. Er mußte und durfte auf den durch den Bericht geschaffenen Anschein vertrauen, daß das der Fall sei. Das Entsprechende galt für die von ihm angewiesenen Behörden, darunter den Oberkreisdirektor in bezug auf den Erlaß der gegen den Kläger ergangenen Verfügung." Diese Überlegungen des Bundesverwaltungsgerichts gelten zwar unmittelbar nur für das ausländerrechtliche Demonstrationsverbot. Darüber hinaus sind sie aber auch als Ausdruck eines allgemeinen,

---

[15] Vgl. dazu u. a. *Mutius* in VerwArch. 62, 83.

[16] DÖV 1975, 751 = NJW 1975, 2158 = DVBl. 1975, 888.

dem Polizeirecht der Länder zugrundeliegenden Rechtsgedankens zu werten.

III. Subsidiarität des polizeilichen Einschreitens

Zur Subsidiarität des polizeilichen Einschreitens sei auf zwei Entscheidungen hingewiesen. Das *OVG Münster* hat in einem Urteil vom 4. 8. 1970[17] entschieden, daß die Ordnungsbehörde bei Streitigkeiten zwischen Nachbarn über die Ausübung eines Wegerechts zu einem Einschreiten verpflichtet sein könne, sofern die streitige Benutzung des Weges mit Gefahren verbunden sei und der benachteiligte Nachbar diesen konkreten Gefahrenzustand nicht auf Grund der privatrechtlichen Rechtslage beseitigen könne.

Das *OVG Koblenz* hatte in einem Beschluß vom 28. 1. 1971[18] über einen Fall zu entscheiden, in welchem die Behörde einem Einzelhändler untersagte, den Geschäftsbetrieb in seinen Geschäftsräumen nach beendigtem Ausverkauf fortzusetzen. Rechtsgrundlage dieser Verfügung waren §§ 1, 49 PVG i. V. mit § 7 c Abs. 1 UWG. Die Fortsetzung des Geschäftsbetriebs nach beendigtem Ausverkauf durch den Geschäftsinhaber stellte hier eine Störung der öffentlichen Ordnung dar, der mit dem polizeilichen Mittel der Untersagung begegnet werden durfte. Die Ermächtigung der Polizei zum Einschreiten entfiel hier — so das OVG Koblenz — nicht im Hinblick auf den Grundsatz der Subsidiarität polizeilichen Eingreifens. Zwar werde in aller Regel die Aufgabe, vor unlauterem Wettbewerb zu schützen, den mit einer privatrechtlichen Klage angerufenen Zivilgerichten zufallen und damit der polizeilichen Zuständigkeit entzogen sein. Eine Ausnahme hiervon ergebe sich jedoch bei Wettbewerbsverstößen, die zugleich strafbare Handlungen sind und ohne polizeiliches Eingreifen andauern würden, da die Verhinderung strafbarer Handlungen in jedem Falle eine polizeiliche Angelegenheit sei.

IV. Verhältnis zu anderen Rechtsgebieten

Die Entwicklung der Lebensverhältnisse und die damit verbundene Rechtsentwicklung werfen vielfach die Frage des Verhältnisses des allgemeinen Polizeirechts zu verwaltungsrechtlichen Spezialgebieten auf, die an sich zum Bereich der Gefahrenabwehr gehören und damit polizeilichen Charakter haben, aber im Zuge der sog. Entpolizeilichung zu selbständigen Rechtsmaterien geworden sind. In diesem Zusammenhang sei in Erinnerung gerufen, daß die Entpolizeilichung im wesentlichen dann stattfindet, wenn das stark rechtsstaatlich ausgeformte allgemeine

[17] ZMR 1971, 260.
[18] GewArch. 1971, 106.

Polizeirecht der Behörde ein Einschreiten nicht ermöglicht, diese Möglichkeit also durch Spezialgesetz geschaffen werden muß. Ein noch heute instruktives Beispiel hierfür ist die preußische Verunstaltungsgesetzgebung, zu der man sich wegen des Kreuzberg-Urteils genötigt sah. Im folgenden seien einige Beispiele für Abgrenzungs- und Anwendungsprobleme genannt, die sich aus dem Nebeneinander von allgemeinem Polizeirecht und speziellen Rechtsmaterien ergeben.

Vorhin wurde in anderem Zusammenhang auf das Urteil des *Bay. VGH* vom 13. 3. 1969[14] und den Beschluß desselben Gerichts vom 15. 3. 1974[13] hingewiesen. In diesen Entscheidungen hat der Bay. VGH Grundsätze des allgemeinen Polizeirechts auf bauordnungsrechtliche Vorschriften angewandt, nämlich das Prinzip der Höchstpersönlichkeit von Handlungs- und Zustandshaftung auf die Beseitigungsanordnung nach Art. 100 Bay.BauO und die Grundsätze über die Auswahl des Polizeipflichtigen auf die bauordnungsrechtliche Verfügung nach Art. 78 Abs. 4 Bay.-BauO. Der *VGH BaWü* hat in einem Urteil vom 16. 12. 1969[19] die Grundsätze des Polizeizwangs auf Abbruchsanordnungen, Nutzungsuntersagungen und Maßnahmen nach § 83 Abs. 1 BaWüBauO angewandt. Dabei ist freilich anzumerken, daß das Recht des Verwaltungszwangs in damaliger Zeit in Baden-Württemberg noch nicht kodifiziert war, daß vielmehr lediglich das Polizeigesetz BaWü eine moderne Regelung über die Zwangsmittel enthielt. Entsprechend hat der *VGH BaWü* in einem Beschluß vom 13. 10. 1972[20] die Vorschriften des Polizeigesetzes über den Polizeizwang auf gewerberechtliche Vollstreckungsmaßnahmen angewendet mit der Begründung, daß es sich dabei um polizeiliche Maßnahmen im Sinne der Vorschriften des PolG über den Polizeizwang handle.

Ein modernes Abgrenzungsproblem behandelte der *VGH BaWü* in einem Beschluß vom 8. 11. 1974[21]. Hier ging es um die Befugnis der Ortspolizeibehörde, gegen eine Hundehaltung auf einem Wiesengrundstück in der Nähe eines Wohngebiets einzuschreiten. Im Verfahren des einstweiligen Rechtsschutzes bestätigte der VGH der Ortspolizeibehörde, daß sie die Verfügung, mit der sie die Antragstellerin aufgefordert hatte, die Hundehaltung in dem auf ihrem Grundstück angelegten Hundezwinger aufzugeben, mit Recht auf das PolG gestützt habe. Eine Anwendung des Bundes-Immissionsschutzgesetzes kam hier nach Ansicht des VGH nicht in Betracht, da die Lärmeinwirkungen nicht durch die Errichtung und den Betrieb einer „Anlage" im Sinne des BImSchG hervorgerufen wurden. Diese Entscheidung ist auf Kritik gestoßen. In einer Anmerkung zu diesem Beschluß hält der Wiesbadener Ministerialrat *Engelhardt* die Begründung, mit der der VGH die Anwendung des BImSchG auf den

---

[19] BaWüVBl. 1970, 57.

[20] BaWüVBl. 1973, 44 = GewArch. 1973, 56.

[21] DÖV 1975, 608 mit Anm. von *Engelhardt* = BWVPr. 1975, 60.

zur Entscheidung stehenden Sachverhalt abgelehnt hat, nicht für überzeugend. Er weist auf die Folgerung aus dem Beschluß hin, daß in der Mehrzahl der Bundesländer bei Anwendung des allgemeinen Polizeirechts ein behördliches Einschreiten nur bei Vorliegen einer Polizeigefahr möglich wäre, während das BImSchG bewußt die Reaktionsschwelle vorverlege und schon erhebliche Belästigungen bekämpfe. Der Anwendungsbereich der besonderen Vorschriften des BImSchG solle, so meint *Engelhardt,* nicht ohne Not eingeengt werden. Eine wirksamere Lärmbekämpfung sei möglich, wenn die Behörden das besondere Immissionsschutzrecht anwenden könnten und nicht auf das allgemeine Polizeirecht angewiesen seien. Referent möchte sich zu dieser Kritik an der Auffassung des VGH nicht äußern, da es ein Beschluß seines Senats ist, wenn er auch nicht selbst bei der Entscheidung mitgewirkt hat. Daß sich hier aber schwierige Abgrenzungsprobleme ergeben, ist ohne weiteres einsichtig.

Die Abgrenzung des allgemeinen Polizeirechts vom Abfallgesetz behandelt ein Urteil des *OVG Lüneburg* vom 10. 12. 1975[22]. Hier war der Kläger von der Behörde aufgefordert worden, einige auf seinem in einem reinen Wohngebiet liegenden Grundstück abgestellte Fahrzeuge sowie ein Fahrgestell wegen Beeinträchtigung des Ortsbildes zu entfernen. Das OVG Lüneburg hielt die Vorschriften des Abfallgesetzes nicht für anwendbar, da weder die Merkmale der Begriffe der ortsfesten Anlage noch die des Autowracks erfüllt seien. Das OVG wich dann auf das allgemeine Polizeirecht aus. Die abgestellten Gebrauchtwagen und das Autofahrgestell störten, so führte es aus, nach den örtlichen Gegebenheiten die öffentliche Ordnung (§ 171 LVwG Schl-H). Es widerspreche den modernen Vorstellungen von einem geordneten Zusammenleben in einem Wohngebiet, wenn ein Grundstückseigentümer auf seinem Grundstück unmittelbar an der Grenze zum Nachbarn jahrelang mehrere gebrauchte Autos abstelle, um sie als Anschauungsobjekte für kraftfahrzeugtechnische Arbeiten ständig in seiner Nähe zu haben. Eine derartige Ansammlung ihrem eigentlichen Nutzungszweck entfremdeter Fahrzeuge verunstalte in einem solchen Baugebiet das Ortsbild und wirke insbesondere für die Bewohner von Nachbargrundstücken außerordentlich störend. Die Beseitigung derartiger Störungen sei nach den heutigen Ordnungsvorstellungen geboten, weil alte Autos in einem Wohngebiet selbst dann stören, wenn in der Nachbarschaft etwa Schweinemästereien unterhalten würden, die mit der Bauplanung ebenfalls nicht in Einklang stünden. Das OVG Lüneburg hat hier den Begriff der öffentlichen Ordnung in einer Weise angewandt, die auch den modernen Erfordernissen des Umweltschutzes angemessen Rechnung trägt, wie es ja auch dem VGH BaWü gelungen ist, in dem vorgenannten Beschluß zur Lärmbe-

---

[22] DÖV 1976, 386.

lästigung durch Hundehaltung mit Hilfe des allgemeinen Polizeirechts eine wirksame Lärmbekämpfung zu ermöglichen.

V. Unmittelbare Ausführung einer Maßnahme Sicherstellung, Kostenersatz

Unmittelbare Ausführung einer Maßnahme, Sicherstellung und Kostenersatz sind Themen, mit denen sich einige Verwaltungsgerichte in letzter Zeit im Zusammenhang mit der Heranziehung zu Abschleppkosten für Kraftfahrzeuge zu befassen hatten. Eine der ersten in diesem Zusammenhang bekanntgewordenen Entscheidungen war wohl das Urteil des *VGH BaWü* vom 5. 5. 1971[23]. Hier wurde entschieden, daß das Abstellen eines Fahrzeugs an einer im Sinne der Straßenverkehrsordnung engen Stelle eine erhebliche Gefahrenquelle schaffe, welche die Polizei zum sofortigen Einschreiten berechtige; insbesondere könne die Polizei grundsätzlich ein derartig abgestelltes Fahrzeug unmittelbar abschleppen oder abschleppen lassen und von dem verantwortlichen Fahrer den Ersatz der Abschleppkosten verlangen. Insbesondere nahm der VGH an, daß dann, wenn ein Fahrzeug an einer im Sinne der Straßenverkehrsordnung engen Stelle abgestellt sei, „Gefahr im Verzug" vorliege, die in Baden-Württemberg den Polizeivollzugsdienst zum Einschreiten berechtige. Das erstinstanzliche Verwaltungsgericht hatte in diesem Falle den Leistungsbescheid über die Abschleppkosten aufgehoben, weil es das Vorliegen von „Gefahr im Verzug" verneinte und daher das sofortige Einschreiten des Polizeivollzugsbeamten für unzulässig hielt. Die Auffassung des VGH dürfte den praktischen Erfordernissen des Alltags angemessen Rechnung tragen, ohne daß hier der Begriff der „Gefahr im Verzug" in unzulässiger Weise ausgedehnt worden wäre.

In einem Urteil vom 21. 5. 1973[24] hat das *OVG Münster* den straßenverkehrsrechtlichen Begriff der „Gefahr im Verzug" für identisch mit dem Begriff „notwendige unaufschiebbare Maßnahme" im Sinne des § 15 Abs. 1 Satz 2 PolG NW gehalten und ausgesprochen, daß ein auf der Verkehrsfläche unverschlossen und verkehrsuntüchtig aufgefundenes, von dem nicht erreichbaren Halter stehengelassenes Kraftfahrzeug eine gegenwärtige Gefahr für Dritte bedeute, die zu seiner polizeilichen Sicherstellung gemäß § 32 PolG NW berechtige. Für die Kosten der polizeilichen Sicherstellung nebst den Folgekosten könne, führte das OVG weiter aus, der später ermittelte Halter herangezogen werden.

In einem Urteil vom 13. 11. 1974[25] entschied das *OVG Münster,* daß die Polizei einen während einer Opernvorstellung verbotswidrig neben dem

[23] *ESVGH 21,* 166 = BaWüVBl. 1972, 24.
[24] DVBl. 1973, 922 = MDR 1974, 170.
[25] DVBl. 1975, 588 = VerwRspr. 26, 740.

Seiteneingang eines Opernhauses parkenden Personenkraftwagen auf Kosten des Fahrzeughalters abschleppen lassen könne.

In all diesen Entscheidungen ist eine einheitliche Linie zu erkennen, die es insbesondere auch dem Polizeivollzugsdienst ermöglicht, plötzlich entstehende Gefahren wirksam zu bekämpfen.

VI. Aufbewahrung erkennungsdienstlicher Unterlagen

Die mit der Aufbewahrung erkennungsdienstlicher Unterlagen zusammenhängenden Rechtsfragen wurden schon durch die verwaltungsgerichtliche Rechtsprechung des vorigen Jahrzehnts weitgehend geklärt. Es wurden zwar auch mehrere in den siebziger Jahren ergangene einschlägige Entscheidungen veröffentlicht. Diese bringen aber wohl nichts wesentlich Neues.

In einem Beschluß vom 18. 5. 1973[26] hat das *Bundesverwaltungsgericht* auf seine ständige Rechtsprechung hingewiesen, wonach die Aufbewahrung von erkennungsdienstlichen Unterlagen nicht gerechtfertigt ist, wenn keine Anhaltspunkte dafür vorliegen, daß die erkennungsdienstlich behandelte Person zukünftig strafrechtlich in Erscheinung treten werde und die Unterlagen hierbei die Ermittlungen der Polizei fördern könnten. In diesem Falle hatte die Vorinstanz, der *VGH BaWü*[27], die Auffassung vertreten, daß die den Kläger betreffenden erkennungsdienstlichen Unterlagen noch aufbewahrt werden dürften, weil in den Strafverfahren, in denen er freigesprochen wurde, die gegen ihn sprechenden schwerwiegenden Verdachtsmomente nicht ausgeräumt worden seien. Unter diesen Umständen, so sagt das *Bundesverwaltungsgericht,* verstoße die weitere Aufbewahrung nicht gegen Art. 2 GG und Art. 6 Abs. 2 MFK. Die Aufbewahrung erkennungsdienstlicher Unterlagen, so führt es weiter aus, setze nach allgemeiner Meinung eine strafrechtliche Verurteilung des Betroffenen nicht unbedingt voraus; sie könne auch nach Einstellung des Verfahrens gemäß § 153 Abs. 2 StPO gerechtfertigt sein. Die in § 10 des Musterentwurfs vorgesehene Regelung entspricht im wesentlichen diesen Grundsätzen der Rechtsprechung.

Ergänzungen dieser Rechtsprechung in zwei Detailfragen brachten die Urteile des *VGH BaWü* vom 13. 2. 1973[27] und vom 23. 2. 1973[28]. In ersterem Urteil hatte der VGH Veranlassung, angesichts in der Vorinstanz erkennbar gewordener Auffassungen festzustellen, daß § 81 b StPO auch insoweit verfassungsmäßig ist, als er zur Aufbewahrung erkennungsdienstlicher Unterlagen für präventivpolizeiliche Zwecke ermächtigt. Es

[26] DÖV 1973, 752.

[27] Urt. v. 13. 2. 1973 DÖV 1973, 462 = NJW 1973, 1663.

[28] DÖV 1973, 464 (nur Leits.).

handelt sich zwar, so führte der VGH aus, bei Maßnahmen nach § 81 b StPO „für die Zwecke des Erkennungsdienstes“ und bei ihrer Aufbewahrung außerhalb eines konkreten Strafverfahrens um Polizeirecht, doch ergebe sich hier die Bundeskompetenz aus dem Gedanken des Sachzusammenhangs. Es handele sich nicht um Polizeirecht „im engeren Sinne“, dessen alleiniger und unmittelbarer Zweck die Aufrechterhaltung der öffentlichen Sicherheit und Ordnung sei, sondern die Regelung des § 81 b StPO solle über die polizeilichen Zwecke hinaus unmittelbar der Strafrechtspflege dienen. Im Urteil vom 23. 2. 1973[28] hat der VGH zu einer verfahrensrechtlichen Frage dahin Stellung genommen, daß der Anspruch auf Vernichtung erkennungsdienstlicher Unterlagen nicht mit der allgemeinen Leistungsklage, sondern mit der Verpflichtungsklage geltend zu machen sei, weil die Vernichtung des aufbewahrten Materials nicht nur ein tatsächliches Verwaltungshandeln sei, sondern auf einer hoheitlichen Anordnung mit Regelungscharakter beruhe.

VII. Durchsuchung und Betreten von Wohnungen

Der politische Radikalismus in gewissen, wenn auch zahlenmäßig meist kleinen, Kreisen der studentischen Jugend hat in neuerer Zeit das Recht zum Betreten und zur Durchsuchung von Wohnungen wieder aktuell werden lassen. Dabei wurde deutlich, welche Schwierigkeiten die Regelung des Art. 13 GG für die Rechtsanwendung, sei es durch die Polizei, sei es durch die Verwaltungsgerichte, mit sich bringt. Art. 13 GG enthält ein reichlich kompliziertes System qualifizierter Eingriffsvorbehalte. Er bringt eine stattliche Anzahl differenzierter Gefahrenbegriffe, nämlich Gefahr im Verzuge, gemeine Gefahr, Lebensgefahr für einzelne Personen, dringende Gefahr für die öffentliche Sicherheit und Ordnung. Und Art. 13 GG teilt mit den meisten anderen Grundrechten das feierliche Pathos einer einprägsamen Kurzformel, welche die rechtliche Präzision weitgehend vermissen läßt und daher in hohem Maße auslegungsbedürftig ist.

Der Beschluß des *Bundesverfassungsgerichts* vom 13. 10. 1971[29] über die Besichtigungsrechte der Handwerkskammern brachte die Klärung einer Streitfrage, führte aber auch zu neuen Unsicherheiten. Unentschieden blieb ausdrücklich, wieweit der verfassungsrechtliche Begriff der „Durchsuchung“ im Sinne des Art. 13 Abs. 2 GG im einzelnen zu erstrekken sei. Geklärt wurde der Begriff „Wohnung“ in Art. 13 Abs. 1 GG dahin, daß er weit auszulegen sei und auch Arbeits-, Betriebs- und Geschäftsräume umfasse. Die für die Polizeipraxis u. U. überaus mißlichen Folgen dieser weiten Auslegung des Wohnungsbegriffs versuchte das

---

[29] *BVerfGE 32*, 54 = DÖV 1972, 51 = DVBl. 1972, 92.

Bundesverfassungsgericht dadurch zu entschärfen, daß es den Begriff der „Eingriffe und Beschränkungen" in Art. 13 Abs. 3 GG in einer Weise auslegte, „die dem Schutzzweck des Grundrechts gerecht wird, dem erkennbaren Willen des Verfassunggebers entspricht, aber auch auf die sachlichen Notwendigkeiten der Verwaltung des modernen Staates angemessen Bedacht nimmt". Es nimmt nämlich an, daß das Schutzbedürfnis bei den insgesamt der „räumlichen Privatsphäre" zuzuordnenden und daher unter den Begriff der „Wohnung" fallenden Räumen verschieden groß sei. Soweit sich die Begriffe „Eingriffe und Beschränkungen" auf die Wohnung im engeren Sinn beziehen, sollen sie streng ausgelegt werden, weil hier der Schutzzweck des Grundrechts, dem einzelnen das Recht zu sichern, „in Ruhe gelassen zu werden", voll durchgreife. Bei den reinen Geschäfts- und Betriebsräumen dagegen, so meint das Bundesverfassungsgericht, werde dieses Schutzbedürfnis durch den Zweck, den sie nach dem Willen des Inhabers selbst erfüllen sollen, gemindert. Mit Überlegungen, die im einzelnen wohl nicht immer durchweg überzeugend sind, kommt das Bundesverfassungsgericht dann zu dem Ergebnis, daß Art. 13 Abs. 3 GG die üblichen Betretungs- und Besichtigungsrechte bei Betriebsgrundstücken und Geschäftsräumen gar nicht erfassen sollte. Es stellt schließlich einige Voraussetzungen zusammen, unter denen das Betreten von Geschäfts- und Betriebsräumen durch Behördenbeauftragte im Rahmen ihrer Zuständigkeit nicht als eine Beeinträchtigung des Rechts der Unverletzlichkeit der Wohnung anzusehen sei. Die entscheidenden Gesichtspunkte dieses Beschlusses, nämlich die Einbeziehung der Arbeits-, Betriebs- und Geschäftsräume einerseits sowie die einschränkende Auslegung der Begriffe „Eingriffe und Beschränkungen", hat sich der Musterentwurf in den Regelungen zu § 19 und § 20 zu eigen gemacht. Diese Regelungen sollten auch unter den strengen Blicken der Bundesverfassungsrichter bestehen können.

Zwei Entscheidungen des Bundesverwaltungsgerichts sind in diesem Zusammenhang noch zu erwähnen. Bereits im Urteil vom 12. 12. 1967[30] hatte das *Bundesverwaltungsgericht* — entgegen einer im Schrifttum vertretenen Meinung — entschieden, daß die Regelung des Art. 13 Abs. 2 GG über die Durchsuchungen nicht nur polizeiliche Maßnahmen im Rahmen der StPO betreffe, sondern auch andere verwaltungsbehördliche Durchsuchungen regeln solle. In diesem Zusammenhang hat das Bundesverwaltungsgericht gegenüber der Besorgnis, das Erfordernis richterlicher Durchsuchungsanordnung könnte die Durchführung zahlreicher verwaltungsüblicher Durchsuchungen unangemessen erschweren und die Gerichte ohne sachliche Notwendigkeit belasten, auf die Binsenwahrheit hingewiesen, daß rechtsstaatliche Sicherungen, wie sie das Grundgesetz getroffen hat, notwendig Erschwerungen der Verwaltungsarbeit und

[30] *BVerwGE 28*, 285 = DÖV 1968, 246.

Erweiterungen der richterlichen Aufgaben mit sich bringen, und daß dies der Grundgesetzgeber in Kauf genommen hat. In diesem Falle kam das Bundesverwaltungsgericht zum Ergebnis, daß die beim Kläger durchgeführte Wohnungsdurchsuchung rechtswidrig gewesen sei, da sie ohne richterliche Anordnung durchgeführt worden war und da „Gefahr im Verzug" im Sinne von Art. 13 Abs. 2 GG nicht vorgelegen habe.

Um eine Klärung des Begriffs der „Durchsuchung" bemühte sich das *Bundesverwaltungsgericht* in seinem Urteil vom 6. 9. 1974[31]. Hier hatte der Kläger die gerichtliche Feststellung beantragt, daß das Eindringen der Polizei in ein Studentenwohnheim und die Anordnung der Räumung rechtswidrig gewesen seien. Die Polizei hatte diese Maßnahmen ergriffen, weil sie im Zuge von Ausschreitungen nach einer Truppenparade der Alliierten in Berlin auf dem Gelände der Technischen Universität vom Dach und von den oberen Stockwerken eines Studentenwohnheims aus mit Steinen und Flaschen beworfen worden war. Die Klage blieb in allen Instanzen erfolglos. Das Bundesverwaltungsgericht nahm an, daß es sich hier nicht um eine Durchsuchung im Sinne von Art. 13 Abs. 2 GG handelte. Dabei legte es dem Begriff der „Durchsuchung" in Art. 13 Abs. 2 GG die gleiche Bedeutung bei wie der in zahlreichen vor- und nachkonstitutionellen Gesetzen geregelten „Durchsuchung" einer Wohnung; es nahm an, daß der Grundgesetzgeber offenbar die herkömmliche und allgemein anerkannte Bedeutung dieses Gesetzesbegriffs als bekannt vorausgesetzt habe. Begriffsmerkmal der Durchsuchung sei daher, so führte das Bundesverwaltungsgericht aus, die Suche nach Personen oder Sachen oder die Ermittlung eines Sachverhalts in einer Wohnung. Kennzeichnend für die Durchsuchung sei das ziel- und zweckgerichtete Suchen staatlicher Organe in einer Wohnung, um dort planmäßig etwas aufzuspüren, was der Inhaber der Wohnung von sich aus nicht offenlegen oder herausgeben wolle, etwas nicht klar zutage Liegendes, vielleicht Verborgenes aufzudecken oder ein Geheimnis zu lüften; mithin das Ausforschen eines für die freie Entfaltung der Persönlichkeit wesentlichen Lebensbereichs, das u. U. bis in die Intimsphäre des Betroffenen dringen könne. Von diesen Grundsätzen ausgehend kam das Bundesverwaltungsgericht auf Grund der tatsächlichen Feststellungen des Berufungsgerichts zum Ergebnis, daß die strittigen Maßnahmen der Polizei keine „Durchsuchung" waren. Diese Maßnahmen waren daher am Maßstab des Art. 13 Abs. 3 GG zu messen. So kam es zur Prüfung der Frage, ob hier eine „dringende Gefahr" im Sinne des Art. 13 Abs. 3 GG vorgelegen habe. Es bejahte diese Frage auf Grund der tatsächlichen Feststellungen des Berufungsgerichts, wobei es von folgendem Gefahrenbegriff ausging: Eine „dringende Gefahr" i. S. von Art. 13 Abs. 3 GG

---

[31] DÖV 1975, 172 = NJW 1975, 130 = DVBl. 1974, 846 = MDR 1975, 77 = JZ 1974, 754 = GewArch. 1974, 384.

liege vor, wenn eine Sachlage oder ein Verhalten bei ungehindertem Ablauf des objektiv zu erwartenden Geschehens mit hinreichender Wahrscheinlichkeit ein wichtiges Rechtsgut verletzen werde. An die Wahrscheinlichkeit des Schadenseintritts seien nach dem aus dem Grundgesetz ableitbaren Grundsatz der Verhältnismäßigkeit um so geringere Anforderungen zu stellen, je größer und folgenschwerer der möglicherweise eintretende Schaden sei; aus dem Verhältnismäßigkeitsprinzip ergebe sich ferner, daß in die Wohnungsfreiheit nur eingegriffen werden dürfe, wenn und soweit die Maßnahme zur Gefahrenabwehr geeignet und erforderlich sei, und daß im Einzelfall die rechtsstaatliche Bedeutung der Unverletzlichkeit der Wohnung mit dem öffentlichen Interesse an der Wahrung von Recht und Ordnung abgewogen werden müsse.

Diese Auslegung des Begriffs der „dringenden Gefahr" dürfte über den Anwendungsbereich des Art. 13 Abs. 3 GG hinaus für die Praxis der Verwaltung und der Gerichte hilfreich sein. Der Musterentwurf verwendet anstelle der „dringenden Gefahr" den Begriff „gegenwärtige erhebliche Gefahr" und setzt diesen mit der „dringenden Gefahr" im Sinne des Art. 13 Abs. 3 GG gleich; die ebenfalls in Art. 13 Abs. 3 GG genannte „Gemeingefahr" und die „Lebensgefahr für einzelne Personen" begreift er als Fälle einer gegenwärtigen erheblichen Gefahr. Eine derartige Regelung würde in der Tat eine wünschenswerte Vereinfachung in dem bisherigen Gefahren-Wirrwarr der Gesetze bringen.

VIII. Rechtswegprobleme

Daß unsere reich aufgefächerte Rechtswegregelung und der hie und da festzustellende Mangel an sprachlicher Eindeutigkeit auch auf dem Sektor des Polizeirechts zu Zuständigkeitsproblemen führen kann, zeigt ein Urteil des *Bundesverwaltungsgerichts* vom 3. 12. 1974[32]. Diesem Urteil lag folgender Sachverhalt zugrunde: Die Kläger betraten, obwohl hierzu nicht eingeladen, vor einer Dienstbesprechung von Sozialarbeitern eines Berliner Bezirksamts den Besprechungsraum und erklärten, an der Dienstbesprechung teilnehmen und über Probleme der Sozialarbeiter diskutieren zu wollen. Nach erfolgloser Räumungsaufforderung durch die inzwischen herbeigerufene Polizei wurden sie vorläufig festgenommen, zu einer Polizeidienststelle gebracht, dort zunächst einzeln durchsucht und dann später durch Kriminalbeamte vernommen, nachdem gegen sie ein schriftlicher Strafantrag wegen Hausfriedensbruchs gestellt worden war. Die Kläger beantragten beim Verwaltungsgericht Feststellung, daß die Mitnahme zur Polizeidienststelle und das anschließende

[32] *BVerwGE* 47, 255 = DÖV 1975, 275 mit Anm. v. *Naumann* = NJW 1975, 893 mit Anm. v. *Schenke* = DVBl. 1975, 581 mit Anm. v. *Markwort* = MDR 1975, 517 = JZ 1975, 523 mit Anm. v. *Amelung* = BayVBl. 1975, 708.

Festhalten durch die Polizei rechtswidrig gewesen seien. Das Verwaltungsgericht hielt die Klage für zulässig. Das Oberverwaltungsgericht und das Bundesverwaltungsgericht dagegen hielten den Rechtsweg vor den ordentlichen Gerichten gemäß § 23 EGGVG für gegeben. Das Bundesverwaltungsgericht sieht den Sinn und Zweck der Rechtswegregelung des § 23 EGGVG darin, daß über die Rechtmäßigkeit der darin aufgeführten Maßnahmen die Gerichte der sachnäheren Gerichtsbarkeit entscheiden sollten, daß die ordentlichen Gerichte für die Entscheidung über die Rechtmäßigkeit von Verwaltungsmaßnahmen auf den Gebieten des bürgerlichen Rechts, des Zivilprozesses, der freiwilligen Gerichtsbarkeit und der Strafrechtspflege besser gerüstet seien und ihnen deshalb von der Sache her näher stünden als die Gerichte der Verwaltungsgerichtsbarkeit. Durch § 23 EGGVG solle verhütet werden, daß die Verwaltungsgerichte in Sachgebiete der ordentlichen Gerichtsbarkeit hineinreden.

Zweifelsfrei ist „Strafrechtspflege" i. S. des § 23 Abs. 1 EGGVG auch die Ermittlung und Erforschung strafbarer Handlungen. Die Bedeutung des Urteils liegt nun darin, daß nach Ansicht des Bundesverwaltungsgerichts auch die im ersten Zugriff vorgenommenen Maßnahmen der Polizei ebenso strafrechtliche Ermittlungen sind wie die auf Weisung der Staatsanwaltschaft erfolgten Maßnahmen und die Handlungen der Staatsanwaltschaft selbst. Die Ermittlungen zur Verfolgung strafbarer Handlungen, so sagt das Bundesverwaltungsgericht, bilden eine Einheit; das Ermittlungsverfahren ist nicht in ein polizeiliches und ein staatsanwaltschaftliches Verfahren aufgespalten. § 23 Abs. 1 EGGVG gilt daher nach seiner Ansicht auch für die gerichtliche Überprüfung von Strafermittlungs- und Strafverfolgungsmaßnahmen der Polizei. Daß hiernach für die gerichtliche Kontrolle von Maßnahmen der Polizei verschiedene Gerichtsbarkeiten zuständig sind, nämlich für strafverfahrensrechtliche Ermittlungen die ordentlichen Gerichte, für andere (polizeirechtliche) Maßnahmen die Verwaltungsgerichte, kann nach Ansicht des Bundesverwaltungsgerichts in Kauf genommen werden, zumal da in aller Regel erkennbar sein wird, ob die Polizei im Wege der Strafverfolgung oder im Wege der Gefahrenabwehr tätig wird.

In einem Urteil vom gleichen Tage[33] hat das *Bundesverwaltungsgericht* entschieden, daß auch für den Antrag auf gerichtliche Entscheidung über die Rechtmäßigkeit der Aufnahme von Lichtbildern des Beschuldigten nach §§ 81 b, 163 Abs. 1 StPO durch die Polizei für die Zwekke der Durchführung des Strafverfahrens der Rechtsweg vor den ordentlichen Gerichten gemäß § 23 EGGVG gegeben ist.

Diese Entscheidungen sind überzeugend. Vor allem bringen sie eine Klärung strittig gewordener prozessualer Fragen. Die Entscheidungen

[33] Vgl. den Hinweis der Redaktion in DÖV 1975, 278.

der Verwaltungsgerichte sind ja häufig mit allzu gewichtiger prozessualer Last beladen; dies trägt nicht gerade zur Verständlichkeit von Entscheidungen für den Bürger — und auch für die Verwaltung — bei. Da ist es dann gut, wenn durch eine oberstgerichtliche Entscheidung für die Zukunft prozessualer Ballast abgeworfen werden kann.

Freilich hat die durch die obengenannten Bundesverwaltungsgerichtsentscheidungen bewirkte Klärung keineswegs alle Zweifel beseitigt. Dies zeigt ein Beschluß des *OLG Karlsruhe* vom 8. 12. 1975[34]. Nach diesem Beschluß ist der Rechtsweg nach § 23 EGGVG nicht eröffnet wegen einer im Zuge eines strafrechtlichen Ermittlungsverfahrens von der Polizei angeordneten Blutprobe. Das OLG hält zwar die im Zuge eines strafrechtlichen Ermittlungsverfahrens erfolgte Blutentnahme für die Maßnahme einer „Justizbehörde" i. S. von § 23 EGGVG. Es hält aber gleichwohl den Rechtsweg nach § 23 EGGVG für nicht eröffnet, weil sich nämlich die Blutentnahme nicht als ein Justiz*verwaltungsakt* darstelle. Sie sei vielmehr eine *Prozeßhandlung,* d. h. eine auf Einleitung, Durchführung und Gestaltung eines Strafverfahrens gerichtete Betätigung eines Strafverfolgungsorgans. Zum Strafverfahren gehöre auch das von der Polizei zu führende Ermittlungsverfahren. Solche Prozeßhandlungen seien nicht dem Rechtsweg nach § 23 EGGVG unterworfen. Maßnahmen, die auf die Ermittlung, Aufklärung und Ahndung von Straftaten gerichtet seien, verwalten nach Ansicht des OLG nicht, sondern gehören funktionell zur Rechtspflege, nicht zur Verwaltung. Das OLG kommt dann zu dem Ergebnis, daß der Antragsteller die Rechtmäßigkeit der Anordnung zur Blutentnahme „in diesem Stadium des Verfahrens" gerichtlich nicht klären könne, sieht hieran aber keinen Verstoß gegen die Rechtsweggarantie des Art. 19 Abs. 4 GG.

Mit diesem Beschluß des OLG kann wohl nicht das letzte Wort gesprochen sein. Es ist nicht einzusehen, daß die Blutentnahme anders behandelt werden sollte als die Mitnahme zur Polizeidienststelle, das anschließende Festhalten auf der Polizeidienststelle, die Aufnahme von Lichtbildern des Beschuldigten. Andererseits ist nicht zu verkennen, daß das Bundesverwaltungsgericht in den obengenannten Urteilen auf die Probleme, die das OLG angesprochen hat — Rechtsnatur der strittigen Maßnahmen als Justizverwaltungsakt oder Prozeßhandlung —, überhaupt nicht eingegangen ist. Zu einer Klärung in dieser Hinsicht könnte das Bundesverwaltungsgericht aber nur kommen, wenn es noch einmal angerufen würde; wer sollte aber den Verwaltungsrechtsweg beschreiten, nachdem das Bundesverwaltungsgericht den Rechtsweg nach § 23 EGGVG für gegeben erachtet hat?

---

[34] DÖV 1976, 170.

IX. Parteitagsverbot

In diesem Referat sind — wie eingangs angekündigt — die zahlreichen Materien des spezialgesetzlich geregelten Rechts der Gefahrenabwehr nicht behandelt und nur in einigen Bezügen zum allgemeinen Polizeirecht kurz gestreift. So soll auch aus der für die Polizei und überhaupt für unser Staatswesen hochbedeutsamen Materie des Versammlungs- und Demonstrationsrechts nur ein Urteil des *OVG Saarlouis*[35] behandelt werden, in welchem nicht die sondergesetzlichen Bestimmungen des Versammlungsgesetzes, sondern die Vorschriften des allgemeinen Polizeirechts anzuwenden waren.

Zuvor noch eine Bemerkung: Das Schwergewicht der versammlungsrechtlichen Judikatur dürfte sich in letzter Zeit auf die ordentlichen Gerichte verlagert haben. Hier ist vor allem an die beiden Urteile des *BGH* vom 30. 5. 1972[36] zur Frage nach der zivilrechtlichen Haftung für Demonstrationsschäden zu denken; es handelt sich hier um die Vorgänge nach dem Attentat auf Dutschke im Jahre 1968. Das *Bundesverwaltungsgericht* hat sich in neuerer Zeit, soweit ersichtlich, mit Fragen des Versammlungsrechts nicht zu befassen gehabt. Sein schon etwas länger zurückliegendes Urteil vom 9. 2. 1967[37] zu den sog. Schwabinger Krawallen befaßte sich im wesentlichen mit prozessualen Problemen: Polizeiliche Zwangsmaßnahme als Verwaltungsakt, Erledigung des Verwaltungsakts, Vorverfahren bei der Fortsetzungsfeststellungsklage, Anwendung der Fristvorschriften, berechtigtes Interesse — es ist dies die schon vorhin angesprochene prozessuale Fracht. Materiellrechtlich sind diesem Urteil wenigstens zwei ausdruckskräftige Sätze zu entnehmen: Dadurch, daß die Vollzugsbeamten zur Beseitigung einer Ordnungsstörung eingesetzt wurden, waren sie nicht berechtigt, körperliche Gewalt über das erforderliche Maß hinaus anzuwenden und ihren Einsatz dazu zu benutzen, „Zivilisten" zu verprügeln. Aber auch die Polizeibeamten, so sagt das Bundesverwaltungsgericht weiter, die gegen Störer rechtmäßig einschreiten, brauchen sich nicht gefallen zu lassen, daß sie dabei geschlagen oder auf andere Weise an der gesetzlichen Ausübung ihres Dienstes gehindert werden. An sich sind dies Selbstverständlichkeiten. Aber es ist gut, wenn sie durch ein oberstes Gericht so ohne Umschweife formuliert werden.

Nun aber zu dem angekündigten Urteil des *OVG Saarlouis* vom 17. 5. 1973[35]. Es handelte sich hier um das vom Oberbürgermeister der Stadt

---

[35] AS 13, 208 = DÖV 1973, 863.

[36] VI ZR 139/70: NJW 1972, 1572 = DVBl. 1972, 688 = MDR 1972, 858 = JuS 1972, 668; Anm. von *Erichsen* in VerwArch. 64, 197. -- VI ZR 6/71: *BGHZ 59*, 30 = NJW 1972, 1366 = MDR 1972, 857 = JZ 1973, 123 = JR 1972, 462 mit Anm. v. *Schneider* = JuS 1972, 668.

[37] *BVerwGE 26*, 161 = DÖV 1967, 347.

Saarbrücken an die NPD gerichtete Verbot, ihren in Saarbrücken im Rahmen des Bundestagswahlkampfes geplanten Bundesparteitag im November 1969 durchzuführen. Dreieinhalb Jahre später erging schließlich das Urteil des OVG, durch welches die Berufung gegen das Urteil des Verwaltungsgerichts, das die Rechtswidrigkeit der Verbotsverfügung festgestellt hatte, zurückgewiesen wurde. Der Gedankengang des Urteils ist einfach. Das Versammlungsgesetz greift hier nicht ein. Die NPD war hinsichtlich der Veranstaltungen des Bundesparteitags nicht Störerin und daher nicht polizeipflichtig i. S. der §§ 18 bis 20 PVG. In Betracht kam daher nur eine Inanspruchnahme unter dem Gesichtspunkt des sog. polizeilichen Notstands (§ 21 PVG). Voraussetzung hierfür aber war das Vorliegen einer unmittelbar bevorstehenden polizeilichen Gefahr. Hierzu führte das OVG aus: Der Begriff der Gefahr werde wesentlich beeinflußt einerseits durch den Wahrscheinlichkeitsgrad der Störung und andererseits durch die Schwere der Störung. Der Gefahrenbegriff des § 14 PVG sei hinsichtlich des Wahrscheinlichkeitsgrads des Störungseintritts (Prognosensicherheit) dahingehend bestimmt, daß zumindest eine hinreichende Wahrscheinlichkeit des Schadenseintritts bestehen müsse. Die Steigerung der „unmittelbar bevorstehenden" Gefahr beziehe sich in erster Linie auf die zeitliche Nähe des Störungseintritts; schon daraus aber lasse sich für den Regelfall auch auf strengere Anforderungen an den Wahrscheinlichkeitsgrad schließen, da die geforderte Nähe der Gefahr meist die Sicherheit der Prognose erhöhen werde. Der Grad der Wahrscheinlichkeit des Störungseintritts könne wiederum unterschiedlichen Anforderungen unterliegen je nachdem, welches Rechtsgut durch den polizeilichen Eingriff zu schützen und in welches Rechtsgut einzugreifen sei. Ausgehend von diesen allgemeinen Überlegungen sieht das OVG den vorliegenden Fall dadurch geprägt, daß fraglos hochrangige Schutzgüter zu wahren und schwere Schäden zu verhindern waren, andererseits aber nicht nur ein Nichtstörer in Anspruch zu nehmen, sondern auf dessen Seite in fundamentale, für die Verwirklichung einer Parteiendemokratie unerläßliche Grundrechte einzugreifen war. Eine verfassungskonforme Auslegung des Begriffs der „unmittelbar bevorstehenden Gefahr" gebiete — das ist wohl die Quintessenz dieser Entscheidung — für diese Fallgestaltung grundsätzlich zumindest eine Prognosesicherheit im Sinne einer nahezu an Sicherheit grenzenden Wahrscheinlichkeit des Störungseintritts. Das ergebe schon ein Vergleich mit den Vorschriften des Versammlungsgesetzes. Die Erhöhung der Prognosesicherheit sei als Eingriffsschranke zur Sicherung des Versammlungsrechts, insbesondere politischer Minderheitsparteien, unerläßlich; denn andernfalls sei nicht zu vermeiden, daß politische Gegner allein dadurch, daß sie Gewalttätigkeiten in erheblichem Umfang androhen und „wahrscheinlich machen", die Polizeibehörden „in Dienst nehmen" können, um ihr rechtswidriges Ziel, nämlich die tatsächliche Ausschaltung gegnerischer Minderheitsparteien, zu verwirklichen; insoweit nimmt das Urteil Bezug u. a. auf ein Urteil des *OVG Bremen* vom 3. 9. 1971[38], wo entschieden wurde, daß im Rahmen des Versammlungsrechts nach § 15 Abs. 1 VersG nur eingeschritten werden dürfe, wenn die Störung mit einer an Sicherheit grenzender Wahrscheinlichkeit in allernächster Zeit eintritt.

Schlußbemerkung

Damit ist der Referent wieder dort angekommen, wo er begonnen hatte, nämlich bei dem Begriff der Gefahr als einem zentralen Begriff unseres allgemeinen Polizeirechts. Er hofft, einen einigermaßen zuverlässigen und die Dinge in der richtigen Gewichtung bringenden Bericht geliefert zu haben. Daß man hie und da auch anders gewichten könnte, ist selbstverständlich. Referent hat sich bemüht, die Dinge als ein Verwaltungsrichter zu sehen, der sich an die Forderungen der Rechtsstaatlichkeit zu halten hat, dabei aber die praktischen Anforderungen, die der Staatsbürger an die Polizeiorgane hinsichtlich des Schutzes der öffentlichen Sicherheit und Ordnung berechtigterweise zu stellen hat, nicht außer acht lassen darf. Dafür, daß die Anforderungen des Einzelnen bisweilen reichlich übersteigert werden, ein Beispiel aus der allerjüngsten Rechtsprechung des *VGH Bad.-Württ.*[39]: In zwei beim VGH anhängig gewesenen Berufungssachen begehrte der Kläger in einem Fall von der Stadt Konstanz, im anderen Fall von der Stadt Heidelberg, seine Ausweisung nach Israel zu verfügen und die Abschiebung durchzuführen. Der Kläger befand sich in Strafhaft, war auf seinen Antrag mit Wirkung vom 6. 8. 1975 aus der deutschen Staatsangehörigkeit entlassen worden und behauptete, israelischer Staatsangehöriger und infolge KZ-Haft arbeits- und erwerbsunfähig zu sein. Klage und Berufung waren erfolglos. Der VGH machte es kurz. Er hielt die Klage für unzulässig, da der Kläger unter keinem denkbaren Gesichtspunkt geltend machen könne, durch die Unterlassung des von ihm begehrten Verwaltungsakts in seinen Rechten verletzt zu sein. „Ausweisung und Abschiebung", so führte der VGH aus, „sind Maßnahmen der polizeilichen Gefahrenabwehr, die dazu dienen, einer künftigen Störung der öffentlichen Sicherheit und Ordnung oder einer Beeinträchtigung sonstiger erheblicher Belange der Bundesrepublik Deutschland vorzubeugen. Die Vorschriften des Ausländergesetzes über Ausweisung und Abschiebung sind daher nach ihrem Schutzzweck ausschließlich dem öffentlichen Interesse und nicht auch dem Schutz von Individualinteressen der von diesen Maßnahmen betroffenen Ausländer zu dienen bestimmt."

---

[38] DÖV 1972, 101.

[39] Urteile vom 6. 9. 1976 I 1140/76 und I 1271/76.

Aussprache zu dem Referat von Peter Rößler

Prof. *Ule* ging eingangs der Diskussion auf die Problematik des Begriffs der öffentlichen Ordnung ein. Er wies auf die Diskrepanz zwischen der Rechtsprechung und der Verwaltungspraxis hinsichtlich der Dirnenwohnheime hin und bemerkte, daß die Verwaltung in diesen Fällen Baugenehmigungen ohne Rücksicht auf die polizeirechtliche Zulässigkeit erteile; *Ule* machte weiter auf die unterschiedliche Rechtsprechung des Bundesgerichtshofs und des Bundesverwaltungsgerichts zu dem Problem aufmerksam, ob die Aufstellung von Automaten für Präservative gegen die öffentliche Ordnung verstoße. Den Film „Die Sünderin", so fuhr *Ule* fort, habe das OVG Lüneburg 1952 nicht als polizeiwidrig angesehen, was von dem Bundesverwaltungsgericht 1953 mit anderer Begründung bestätigt worden sei; möglicherweise hätte sich die Frage der Vereinbarkeit mit der öffentlichen Ordnung für andere Oberverwaltungsgerichte anders gestellt. Angesichts dieser Abweichungen gab er zu bedenken, ob nicht die Haltung des bayerischen Gesetzgebers zweckmäßiger sei, die Verstöße im einzelnen enumerativ zu normieren, so daß bei einem Schweigen des Gesetzgebers keine Verletzung der öffentlichen Ordnung vorliege. *Ule* bezweifelte die Zweckmäßigkeit der in § 161 Abs. 2 VwGO getroffenen Regelung, wonach bei Erledigung des Rechtsstreits in der Hauptsache der bisherige Sach- und Streitstand bei der Entscheidung über die Kosten zu berücksichtigen sei. Er hielt es für besser, wenn die Gerichte die Kostenentscheidung allein nach billigem Ermessen träfen. *Ule* wandte sich sodann der Frage der Auswahl des Störers in den Fällen zu, in denen mehrere Störer, insbesondere ein Verhaltens- und ein Zustandsstörer, vorhanden sind: Da die Rechtsprechung nicht einhellig die Subsidiarität der Zustandshaftung anerkannt habe, wie sie beispielsweise der Bayerische Verwaltungsgerichtshof vertrete, und insbesondere das OVG Münster sich zur freien Auswahl und damit zur Möglichkeit bekenne, den leistungsfähigeren von mehreren Störern in Anspruch zu nehmen, was rechtsstaatlich nicht unbedenklich sei, wäre es zweckmäßiger gewesen, diesen Streit im Musterentwurf durch einen Federstrich des Gesetzgebers zu beseitigen; insbesondere bei Unfällen mit Öltankwagen sei es unerträglich, eine echte Wahlmöglichkeit mit der Folge zu bejahen, daß der Grundstückseigentümer ohne Rücksicht darauf herangezogen werde, ob der Tankwagenfahrer schuldhaft oder nicht schuldhaft gehandelt habe. Schließlich plädierte *Ule* dafür, in den Musterentwurf eine Regelung aufzunehmen, wonach wörtlich übereinstimmendes Landesrecht revisibel sei, wie es in ähnlicher Weise für das Verwaltungsverfahrensrecht geschehen sei.

Regierungsdirektor Dr. *Busch,* Kiel, trat dafür ein, die Revisibilität wenn überhaupt dann dadurch herzustellen, daß der Landesgesetzgeber gemäß Art. 99 GG das Landespolizeirecht für revisibel erkläre, was den Vorzug habe, daß es nicht auf die im Einzelfall zweifelhafte inhaltliche Übereinstimmung ankomme. *Busch* machte darauf aufmerksam, daß die Rechtsprechung des OVG Lüneburg über die generelle Polizeigefahr, die von einem Bordell ausgehe, von den unteren Gerichten nicht mehr geteilt werde. Das VG Schleswig habe unter Hinweis auf die Strafrechtsänderungsgesetze und die Neubewertung sexueller Handlungen durch den Strafgesetzgeber die Ansicht vertreten, daß eine konkrete Polizeigefahr im Einzelfall durch die Lage und den Betrieb nachzuweisen sei.

Prof. *Püttner* griff die vom Referenten behandelte Frage der Polizeiwidrigkeit des Verkaufs von Minispionen auf und führte aus: Es sei problematisch, ob der Verkäufer von Minispionen polizeirechtlich mit der Begründung belangt werden könne, er setze eine wesentliche Bedingung für ein wahrscheinlich strafbares Verhalten, auch wenn nicht mit Sicherheit ausgeschlossen werden könne, daß derartige Geräte auch einmal legal, beispielsweise bei Verkäufen ins Ausland, gebraucht würden. Als bedenklich erachtete *Püttner* auch das Verhalten der Bundespost, die derartige Fernmeldeanlagen genehmigen könne, aber erklärt habe, sie würde von ihrem Ermessen keinesfalls Gebrauch machen.

Prof. *Merten* kam auf den Begriff der öffentlichen Ordnung zurück. Er meinte, der Gesetzgeber könne nicht von vornherein alle regelungsbedürftigen Fälle spezialgesetzlich erfassen, so daß man Störungen der öffentlichen Ordnung hinnehmen müßte, falls man auf den Begriff verzichte; so hätte man dann beispielsweise bis zum Erlaß entsprechender Verbote in den Lärmschutzverordnungen Belästigungen durch Kofferradios in öffentlichen Anlagen tolerieren müssen. Bei einem Wegfall dieses Teils der Generalklausel wäre außerdem die Rechtseinheit gefährdet, wenn sich nicht jeweils alle Bundesländer zu denselben spezialgesetzlichen Regelungen entschließen würden. Es sei daher zweckmäßig, den in einer langjährigen Rechtsprechung weitgehend gefestigten Begriff der öffentlichen Ordnung beizubehalten und nicht spezielle Normierungen des Gesetzgebers abzuwarten.

Präsident *Rößler* betonte die Notwendigkeit einer geschichtlichen Betrachtung bei der Interpretation, nachdem diese Frage in der Diskussion angesprochen war. Er wies darauf hin, daß sich beispielsweise im Grundrechtsteil des Grundgesetzes vielfach Begriffe wie „Wohnung“ oder

„Durchführung" fänden, die mangels entgegenstehender Anhaltspunkte in ihrer historisch überkommenen Bedeutung zu verstehen seien, falls ihnen nicht wegen der gewandelten Lebensverhältnisse ein anderer Sinn beizumessen sei. § 161 Abs. 2 VwGO sah *Rößler* als Nachbildung des § 91 a ZPO an und vertrat unter Hinweis auf die Rechtsprechung die Auffassung, daß in derartigen Kostenbeschlüssen im Interesse der Arbeitsrationalität und Effektivität kein Platz für grundsätzliche Rechtsausführungen sei. *Rößler* bezweifelte, daß durch die neuere Strafgesetzgebung das Vorgehen der Polizei eingeschränkt worden sei; nach bisherigem Verständnis habe der Begriff der öffentlichen Ordnung gerade die nicht kriminalisierten Bereiche erfaßt, und wenn man eine Störung der öffentlichen Ordnung unter Hinweis auf die Strafrechtsänderung verneine, könne man den Begriff aufgeben. Zur Revisibilität bemerkte *Rößler*, landesgesetzliche Regelungen gemäß Art. 99 GG seien sicherlich zu begrüßen. Aber angesichts des föderalistischen Bewußtseins sei nicht damit zu rechnen, daß die einzelnen Länder diesen Weg gingen. Die Schwierigkeiten bei fehlender Revisibilität seien die Unkosten, die das föderalistische Prinzip ebenso wie das rechtsstaatliche verursache.

Mit dem Dank an alle Referenten, Diskussionsredner und Teilnehmer des Seminars schloß Prof. *Merten* die Veranstaltung.

Kolibri 360 GmbH
Ferdinand-Jühlke-Straße 7
99095 Erfurt, Deutschland
produktsicherheit@kolibri360.de